Olivier Tardif

Entités nommées dans Le Monde

Olivier Tardif

Entités nommées dans Le Monde

Un algorithme de résolution de la coréférence dans un corpus journalistique français

Presses Académiques Francophones

Impressum / Mentions légales
Bibliografische Information der Deutschen Nationalbibliothek: Die Deutsche Nationalbibliothek verzeichnet diese Publikation in der Deutschen Nationalbibliografie; detaillierte bibliografische Daten sind im Internet über http://dnb.d-nb.de abrufbar.
Alle in diesem Buch genannten Marken und Produktnamen unterliegen warenzeichen-, marken- oder patentrechtlichem Schutz bzw. sind Warenzeichen oder eingetragene Warenzeichen der jeweiligen Inhaber. Die Wiedergabe von Marken, Produktnamen, Gebrauchsnamen, Handelsnamen, Warenbezeichnungen u.s.w. in diesem Werk berechtigt auch ohne besondere Kennzeichnung nicht zu der Annahme, dass solche Namen im Sinne der Warenzeichen- und Markenschutzgesetzgebung als frei zu betrachten wären und daher von jedermann benutzt werden dürften.

Information bibliographique publiée par la Deutsche Nationalbibliothek: La Deutsche Nationalbibliothek inscrit cette publication à la Deutsche Nationalbibliografie; des données bibliographiques détaillées sont disponibles sur internet à l'adresse http://dnb.d-nb.de.
Toutes marques et noms de produits mentionnés dans ce livre demeurent sous la protection des marques, des marques déposées et des brevets, et sont des marques ou des marques déposées de leurs détenteurs respectifs. L'utilisation des marques, noms de produits, noms communs, noms commerciaux, descriptions de produits, etc, même sans qu'ils soient mentionnés de façon particulière dans ce livre ne signifie en aucune façon que ces noms peuvent être utilisés sans restriction à l'égard de la législation pour la protection des marques et des marques déposées et pourraient donc être utilisés par quiconque.

Coverbild / Photo de couverture: www.ingimage.com

Verlag / Editeur:
Presses Académiques Francophones
ist ein Imprint der / est une marque déposée de
AV Akademikerverlag GmbH & Co. KG
Heinrich-Böcking-Str. 6-8, 66121 Saarbrücken, Deutschland / Allemagne
Email: info@presses-academiques.com

Herstellung: siehe letzte Seite /
Impression: voir la dernière page
ISBN: 978-3-8381-7661-1

Copyright / Droit d'auteur © 2013 AV Akademikerverlag GmbH & Co. KG
Alle Rechte vorbehalten. / Tous droits réservés. Saarbrücken 2013

Table des matières

1 Introduction   **4**
1.1 Les axes de notre recherche ... 5
1.2 Un peu de terminologie ... 7
1.3 Méthodologie ... 8
1.4 Les objectifs ... 9
1.5 Le plan du travail ... 11

2 Le problème de la coréférence   **13**
2.1 Une définition ... 13
2.2 Ce que la coréférence n'est pas ... 16
2.3 La résolution de la coréférence en trois actes ... 18
    2.3.1 Quelles données traiter ? ... 19
    2.3.2 Comment traiter les données ? ... 20
    2.3.3 Comment représenter la coréférence ? ... 23
    2.3.4 Notre approche ... 31
2.4 Conclusion ... 33

3 Le corpus   **34**
3.1 Schémas d'annotation ... 35
3.2 Le sous-corpus ... 37
    3.2.1 Annotation des marquables ... 39
    3.2.2 Annotation de la coréférence ... 42

4 La coréférence en milieu naturel   **44**
4.1 Composition des chaînes de coréférence ... 45
4.2 Typographie ... 47
    4.2.1 Distance linéaire ... 48
    4.2.2 Similarité ... 53

		4.2.3	Morphologie	62

        4.2.3 Morphologie 62
        4.2.4 Syntaxe 68
        4.2.5 Position sujet 71
        4.2.6 Parallélisme 74
  4.3 Anaphoricité et détermination 75
        4.3.1 Déterminants indéfinis 78
        4.3.2 Expressions sans déterminant 81
        4.3.3 Déterminant démonstratif 82
        4.3.4 Déterminants définis 82
  4.4 Conclusion 86

5 Algorithme de résolution   88

  5.1 Introduction 88
  5.2 Approche du problème 88
        5.2.1 Méthode numérique ou symbolique ? 88
        5.2.2 Approche par classifieurs multiples 90
  5.3 Tâches 91
        5.3.1 Sélection des instances d'entraînement 91
        5.3.2 Parcours du texte 94
  5.4 Implémentation 96
        5.4.1 Vue d'ensemble du processus 97
        5.4.2 Environnement logiciel 101
        5.4.3 Coréférence entre noms propres 101
        5.4.4 Appositions 102
        5.4.5 Attributives 106
        5.4.6 Classifieurs 107
  5.5 Entraînement 110
  5.6 Évaluation et résultats 111
        5.6.1 Base de référence : Soon et al. (2001) 111
        5.6.2 Évaluation des classifieurs 114
        5.6.3 Évaluation globale 118
        5.6.4 Discussion 123
  5.7 Conclusion 125

6 Conclusion générale   128

A Extrait d'un fichier annoté   138

B Attribut TYP

Chapitre 1

Introduction

Il y a une cinquantaine d'années, l'image que l'on avait de notre époque était celle d'un monde peuplé de machines intelligentes, et avec lesquelles les interactions se conduiraient comme avec un être humain : les ordinateurs seraient partout, et pourraient voir, entendre, comprendre ce qu'on leur dit et nous répondre. Parmi toutes les prédictions, l'ubiquité de la technologie dans nos vies est peut-être la seule qui se soit révélée juste ; mais même si l'informatique a conquis nos voitures, nos téléphones, et parfois même nos lave-vaisselles, c'est toujours des dix doigts que l'on communique avec nos machines, par l'intermédiaire d'une souris, d'un clavier, de boutons. Certes, dans quelques cas des commandes vocales peuvent s'y substituer, mais fondamentalement diffèrent très peu d'un clic de souris, et les possibilités restent limitées. On est encore loin de pouvoir formuler des demandes un tant soit peu complexes.

De nos jours, nos ambitions technologiques sont plus réalistes qu'il y a cinquante ans : la recherche s'est axée sur le développement d'applications précises plutôt que sur des systèmes de «compréhension et production universelle» de la langue. On a compris qu'il était plus utile de mettre à profit les technologies du langage pour gérer la masse d'information écrite nouvellement disponible, grâce à la popularisation du *World Wide Web* (WWW) et de la messagerie électronique, que pour faire parler son grille-pain. La recherche, aujourd'hui, explore des méthodes de classification et de recherche de textes, élabore des outils visant à résumer le contenu des textes ou en extraire certaines informations, ou développe des applications pour aider ceux qui travaillent dans les diverses industries de la langue - traducteurs, éditeurs, correcteurs, etc.

Mais encore maintenant, toute technologie en traitement automatique des langues (TAL) requérant la moindre interprétation du contenu d'un texte se heurte à des obstacles majeurs. Un d'entre eux concerne le suivi des entités évoquées dans le discours. Pour faire la synthèse d'un texte, le classifier, ou en extraire des informations factuelles, il faut, au moins un peu, en interpréter le contenu ; et pour en interpréter le contenu, il faut entre autres arriver à repérer, d'une phrase à l'autre, les multiples expressions qui désignent les mêmes personnes, objets, lieux, ou autres entités dont parle le texte. C'est sur ce problème que se concentre notre travail.

1.1 Les axes de notre recherche

La fonction la plus élémentaire du langage est certainement de donner des noms aux objets du monde. Nommer les choses fait partie des premières phases de l'acquisition du langage (Barrett (1985); Benedict (1979); Clark (1995)) ; dans les situations de contact entre communautés linguistiques, on remarque que les noms font plus fréquemment l'objet d'emprunts que les autres catégories (Poplack et al. (1988); van Hout & Muysken (1996)). Nommer, c'est associer un *mot*, généralement une production vocale, gestuelle ou écrite, à un objet spécifique (dans le cas des noms propres) ou à une classe d'objets (dans le cas des noms communs). On nomme *référence* ce lien qui existe entre un mot et un objet.

Dans toute situation de communication, il est fréquent que les objets dont on parle soient mentionnés plus d'une fois. Cependant, on n'utilise pas chaque fois le même mot pour désigner un même objet. Pour diverses raisons, autant syntaxiques que pragmatiques, on pourra utiliser un nom propre (*Kofi Annan*), une description définie (*l'ancien secrétaire général de l'ONU*) ou encore un pronom (*il*) pour désigner la même entité. Dans un discours normal, les locuteurs n'auront aucun mal à détecter le lien qui unit un ensemble d'expressions référant au même objet, le lien de *coréférence*. Or, les mécanismes cognitifs qui nous permettent de faire ce lien ne sont pas toujours clairs :

(1.1) **Mr Mikhail Gorbatchev**$_i$ *a franchi la ligne de non-retour, et les événements politiques en* **URSS**$_j$ *risquent de se précipiter à une vitesse vertigineuse dans les prochaines semaines. Prenant la parole devant des intellectuels lituaniens à la Maison de la presse à Vilnius,* **le dirigeant soviétique**$_i$ *a annoncé jeudi 11 janvier, contre toute* attente et de façon spectaculaire, qu'**un texte législatif**$_k$ *sur les modalités de sortie des Républiques de* **l'Union soviétique**$_j$ *allait être rapidement élaboré par le Comité Central et qu'***il**$_k$ *serait soumis à la discussion nationale dans les plus brefs délais.*

Il y a dans ce texte trois paires d'expressions coréférentes. Deux d'entre elles, celles qui désignent les entités MIKHAIL GORBATCHEV et URSS, peuvent être détectées par le lecteur en vertu de connaissances qui n'ont rien de linguistique : on sait d'avance que Mikhail Gorbatchev fut le chef de l'État soviétique, comme on sait que l'acronyme URSS désignait l'Union Soviétique. On peut donc dire que dans ces deux cas, c'est le sens des expressions qui permet de les apparier. Mais qu'en est-il du pronom *il* ? Les seules informations qu'il véhicule sont morphologiques, et spécifient le genre (masculin) et le nombre (singulier) de son antécédent. Or il y a cinq expressions avec lesquelles le pronom *il* est compatible en genre et en nombre : *Mikhail Gorbatchev, le dirigeant soviétique, jeudi 11 janvier, un texte législatif* et *le Comité Central.* Comment parvient-on à détecter la bonne ?

Dans le cadre du traitement automatique des langues naturelles, on imagine bien à quel point serait utile la réponse à cette question. Par exemple, en recherche documentaire, cela permettrait de donner un poids plus précis aux documents, qui serait basé sur le nombre de mentions d'un référent plutôt que sur le nombre d'occurrences d'une expression. Aussi, dans les applications de résumé automatique, on arriverait à mieux déterminer la pertinence des phrases individuelles si on savait à quoi réfère un pronom personnel ou une description définie donnés ; ou encore, lors de la présentation du texte abrégé, on pourrait éventuellement améliorer la lisibilité d'un texte en remplaçant certains noms propres par des pronoms ou vice versa. Dans le domaine émergent de l'apprentissage d'ontologies à partir de textes, résoudre la coréférence permettrait de s'appuyer sur un plus grand nombre d'expressions que seulement sur les noms propres pour rechercher des informations sur les entités mentionnées. Comme on le constate, les applications sont nombreuses.

1.2 Un peu de terminologie

Depuis les conférences MUC-6 et MUC-7[1], on donne traditionnellement le nom d'*entités nommées* aux noms de personnes, de lieux, d'organisation, aux dates et aux unités monétaires que l'on peut retrouver dans les textes. Cette appellation est, à notre avis, erronée, car elle confond les objets du monde et leurs éventuelles désignations linguistiques. La description de phénomènes linguistiques requiert de maintenir une délimitation claire entre le monde (imaginaire ou non) et le discours ; ainsi nous proposons que le terme *entité nommée* renvoie aux *entités* qui sont *nommées* dans un texte, par exemple des personnes, des lieux, etc., mais pas aux *expressions référentielles* utilisées pour les nommer.

Dans le cadre de ce travail, nous appelons *entités* les objets uniques, vivants ou non, et existant dans le monde réel ou un monde imaginaire. Ainsi, Zinedine Zidane, Christophe Colomb, Harry Potter ou le roc de Gibraltar sont tous considérés comme des entités. Les expressions «Zinedine Zidane», «Christophe Colomb», «Harry Potter» et «le roc de Gibraltar» sont un sous-ensemble de leurs dénotations possibles : en effet, Christophe Colomb, par exemple, peut aussi être dénoté par «l'homme qui a découvert l'Amérique», ou, en contexte, par «l'explorateur», «ce dernier», «il»...

On voit donc que les *expressions référentielles* sont de plusieurs types : les *noms propres* («Harry Potter»), les *expressions nominales* («Le champion du monde de F1», «cette entreprise»), et finalement les *pronoms* («il», «lui-même»). Nous verrons plus loin cependant que toutes les expressions nominales ne sont pas équivalentes du point de vue de la coréférence ; pour l'instant nous nous contenterons de les distinguer en trois groupes, soit les *définis*[2] («Le champion du monde de F1»), les *déictiques*, qui englobent groupes nominaux et pronoms démonstratifs («cette entreprise», «celui-ci»), et les *indéfinis* («un candidat»).

Nous nommons *référents* les entités qui sont désignées par au moins une expression référentielle dans un texte ; deux expressions sont dites *coréférentes*

---

[1] Les *Message Understanding Conference*, organisées par le *Defense Advanced Research Projects Agency* (DARPA) aux États-Unis, ont eu lieu entre 1987 et 1997 et consistaient à mettre en compétition plusieurs groupes de recherche pour diverses tâches d'extraction d'information à partir d'une base de texte commune. Les sixième et septième éditions de ces conférences ajoutèrent aux tâches proposées la détection des entités nommées d'un texte et la résolution des coréférences.

[2] Les *définis* correspondent aux *descriptions définies* de la philosophie du langage.

lorsqu'elles ont le même référent. Pour toute paire d'expressions coréférentes, celle qui précède l'autre, dans l'ordre du texte, est appelée son *antécédent*, et celle qui suit l'autre est appelée la *reprise*; ainsi une expression référentielle peut avoir plusieurs antécédents et plusieurs reprises. Enfin, on nomme *chaîne de coréférence* un ensemble ordonné d'expressions coréférentes.

1.3 Méthodologie

Il est à noter que ce travail ne s'inscrit dans aucun cadre d'analyse particulier : nous n'avons aucun *a priori* théorique, les données seules auront valeur d'axiome. Cela situe clairement le travail dans une perspective empirique, mais nous allons un peu plus loin encore. En effet on peut qualifier d'empirique toute méthode ayant recours à des données observées, que celles-ci soient le fruit de l'expérience directe, *i.e* sans intervention de l'observateur, ou qu'elles soient obtenues expérimentalement, avec l'intervention de ce dernier. Un exemple parfait du premier cas est celui du physicien qui, grâce au télescope, peut observer des phénomènes sur lesquels il n'a aucune influence directe. Dans le second cas on peut imaginer le même physicien, dans un laboratoire cette fois-ci, réunissant consciencieusement toutes les conditions requises pour que se produise un phénomène spécifique. Souvent une méthode de collecte de données est spécifique à un des axes de recherche d'une discipline ; ce pourrait être, dans notre exemple, l'astrophysique et la physique des particules, respectivement. L'étude du langage a elle aussi plusieurs moyens pour obtenir ses données. L'approche «au télescope», sans intervention, est celui de la linguistique de corpus, où les données sont obtenues à partir de textes ou d'extraits de conversation existants, la plupart du temps produits indépendamment de toute recherche scientifique. Une approche plus expérimentale emprunte des méthodes employées en psychologie cognitive : elle suppose l'élaboration de protocoles d'expériences précis comprenant des ensembles d'énoncés formulés en vue de la vérification d'hypothèse préalablement établies. Ces expériences ont pour sujets des locuteurs, et l'on mesure généralement des temps de réaction à certains stimuli, des appariements, etc. (voir Garnham (1987)). La méthode la plus répandue, cependant, est toute autre. Elle consiste à affecter un jugement de grammaticalité à un énoncé donné, les phrases grammaticales constituant l'ensemble des données positives, et les phrases agrammaticales, celui des données négatives. La méthode a été quelque peu formalisée par les générativistes, mais est implicite dans d'innombrables travaux.

Cette dernière méthode s'approche d'une collecte expérimentale des données : l'énoncé est conçu par le chercheur pour vérifier une hypothèse spécifique, et l'expérience comme telle consiste à soumettre cet énoncé au jugement d'un locuteur qui décidera s'il est ou non grammatical ; souvent, le chercheur et le locuteur interrogé sont la même personne. Pour plusieurs raisons, nous croyons que cette manière de collecter les données, telle qu'on l'utilise généralement, est erronée. Premièrement, de nombreux travaux récents (notamment Keller (2000)) montrent que la grammaticalité n'est pas une propriété binaire, et serait mieux représentée par une échelle de valeurs. Ensuite, il n'existe aucune certitude que cette méthode mesure exclusivement la compétence linguistique d'un locuteur, puisqu'elle n'exclut pas que des connaissances sociolinguistiques, en ajoutant une certaine subjectivité au jugement, viennent «parasiter» la réponse demandée au sujet ; on peut par ailleurs s'interroger sur l'effet que peut avoir sur cette subjectivité le fait que se soit le chercheur qui évalue lui-même la grammaticalité des énoncés...

Les données obtenues de cette manière, à notre avis, ne sont pas complètement inutilisables, mais tant qu'elles ne seront pas soumises à une méthodologie plus rigoureuse d'expérimentation, leur valeur ne pourra pas dépasser celle de l'intuition. Sans cela, pour être utiles elles doivent être corroborées par des données acquises des deux autres manières, c'est-à-dire soit en étant attestées par une recherche sur corpus ou au sein d'une démarche expérimentale «méthodologiquement complète». Dans le cadre de ce travail, nous adoptons une approche basée sur corpus.

1.4 Les objectifs

Le but final de la présente recherche est de définir le fonctionnement d'un outil de résolution de la coréférence dans les textes écrits. Nous définissons un algorithme dans l'espoir que les méthodes de traitement qu'il met en oeuvre puissent un jour être intégrés dans un système plus large d'extraction d'informations à partir de textes. Cette éventuelle intégration dans une chaîne de traitement justifie que nous ne nous soyons pas attardés sur l'analyse linguistique des textes traités : en effet, notre algorithme prend en entrée des textes segmentés dont les mots sont déjà associés à des informations morphologiques, syntaxiques et sémantiques. Ce traitement linguistique est effectué par la chaîne de traitement TiLT (Heinecke et al. (2008)), développée par l'unité de recherche «langues naturelles» de Orange Labs.

Nous travaillons sur deux corpus : le premier est constitué d'environ 8500 textes d'actualités extraits du journal le Monde de 1989 ; le second comprend 80 textes de la même provenance, mais qui ont été annotés pour y ajouter des informations linguistiques diverses, dont les liens de coréférence. Dans ce travail, ces textes seront identifiés par leur nom de fichier, de forme *mondeX*, où X est nombre de 1 à 9999.

Deux raisons, principalement, motivent le choix de ce type de corpus : premièrement, les enjeux applicatifs pour le traitement de textes d'actualités sont importants, touchant notamment la classification automatique de flux de nouvelles en fonction de leur contenu, ou encore la construction automatique de bases de connaissances ; enfin, les textes de nouvelles constituent généralement une image assez fidèle d'un niveau de langue standard, et sont relativement neutres du point de vue stylistique, ce qui permet en théorie d'éviter que des facteurs pragmatiques, difficiles à mesurer, aient un impact sur les résultats obtenus.

En cette époque où les données linguistiques sont de plus en plus aisément disponibles, et que certains tentent même d'exploiter le Web comme une base de données textuelle, un corpus de 80 textes semble modeste. La petite taille de notre base de textes s'explique par le fait que l'annotation dont elle a fait l'objet, nécessaire à l'évaluation du prototype, est en partie manuelle. Une description plus détaillée du corpus et de la procédure d'annotation est donnée dans le chapitre 3.

Aussi, nous limitons notre étude aux chaînes de coréférence dont fait partie au moins un nom propre : certaines raisons pratiques, exposées elles aussi au chapitre 3, justifient ce choix ; mais l'intérêt, du point de vue applicatif, de considérer seulement les coréférences de noms propres est évident. En effet, bon nombre d'applications, ainsi qu'une partie significative de la recherche dans le domaine, s'intéresse tout particulièrement à la détection et à la recherche d'informations sur les entités nommées ; or celles-ci, comme nous l'avons vu plus haut, sont généralement désignées au moins une fois par un nom propre dans les textes qui en font mention.

De par la primauté de ses visées applicatives, nous ne prétendons pas, conséquemment, à contribuer significativement à une théorie de la coréférence, ni même à un modèle du phénomène. Dans la mesure toutefois où nous souhaitons donner à l'algorithme développé une certaine légitimité empirique, comme nous l'avons mentionné plus haut, une part importante du présent travail consiste en une observation du phénomène de coréférence dans un contexte réaliste, constitué ici d'un ensemble de textes d'actualités.

Notre second objectif est donc descriptif. Malgré le nombre élevé de travaux portant sur la résolution de la coréférence - il existe même une conférence (DAARC, *Discourse Anaphora and Anaphor Resolution Colloquium*) qui porte sur ce sujet - et le fait que tous s'appuient sur des informations linguistiques, rares sont ceux qui tentent de faire une analyse de l'utilité de chacune de ces informations individuellement ou en interaction. Par exemple, il est fait mention dans plusieurs travaux du fait qu'en anglais, les définis sont plus susceptibles d'être des antécédents que les indéfinis (e.g. Mitkov (1998), Soon et al. (2001), Ng & Cardie (2002)) ou encore que la coréférence est impossible entre deux expressions qui n'ont pas les mêmes marques de genre et de nombre (e.g. Lappin & Leass (1994), Palomar et al. (2001), Ng & Cardie (2002)); cependant, souvent ces affirmations ne sont supportées par aucune analyse visible. Nous voulons donc pallier à cet état de fait pour certaines de ces données pour le français.

1.5 Le plan du travail

La présente recherche se divise en quatre sections. Au prochain chapitre, nous balisons notre travail : nous verrons en quoi consiste la coréférence, et comment cette notion n'est pas complètement exempte de problèmes théoriques, ce qui nous oblige à faire certains choix en ce qui concerne la manière dont la coréférence sera représentée dans notre système. Nous verrons aussi quelles sont les approches les plus répandues pour traiter ce problème, et comment se situe notre propre méthode face à celles-ci.

Le troisième chapitre est consacré à la description du corpus : nous décrirons à quelles fins il est utilisé dans le cadre de ce travail et expliquerons les divers traitements et annotations dont il a fait l'objet.

Au quatrième chapitre nous nous penchons sur ce que nous nommons les «indicateurs de coréférence», c'est-à-dire l'ensemble des caractéristiques des textes écrits dont on présume généralement qu'ils sont corrélés au phénomène de la coréférence. Notre objectif consiste, d'une part, à donner la mesure de la force de cette corrélation, si elle existe, pour chacun des indicateurs, et d'autre part comment ces indicateurs peuvent être utilisés dans le cadre d'un algorithme de résolution.

Enfin, le chapitre 5 présente un algorithme de résolution de la coréférence s'inspirant des observations faites au chapitre précédent, qui se distingue des approches traditionnelles sur plusieurs points. Une implémentation de cet algorithme fait également l'objet d'une évaluation où l'on compare plusieurs aspects de sa performance avec celles d'un système de résolution reconnu pour l'anglais, celui de Soon et al. (2001).

Chapitre 2

Le problème de la coréférence

2.1 Une définition

La coréférence est définie de manière informelle comme la relation qui existe entre expressions linguistiques partageant le même référent. Une définition plus formelle (mais équivalente) est proposée dans Kibble & van Deemter (2000), un travail qui se veut de prime abord une critique à l'endroit des directives d'annotation des expressions coréférentes mises de l'avant dans le cadre de la conférence MUC 7 (Chinchor (2001)). Avec cet objectif en tête, les auteurs démontrent clairement que la coréférence est un phénomène sensiblement plus complexe qu'il n'y paraît, et que sa définition la plus répandue, apparament correcte, soulève quelques problèmes si on la confronte aux faits. Nous jugeons leur démonstration plutôt convaincante, et indépendamment des implications que cela peut avoir sur quelque méthode d'annotation, estimons qu'elle donne une idée juste de l'envergure de la tâche qui consiste à bien cerner le phénomène en vue d'une éventuelle modélisation.

On y propose la formalisation suivante de la définition couramment admise de la coréférence : pour deux syntagmes nominaux (SN) a_1 et a_2 ayant chacun un référent non-ambigu dans le contexte où ils apparaissent, si l'on représente par la fonction $Referent(x)$ l'entité référée par une expression x, alors on dira que a_1 et a_2 sont coréférents si et seulement si $Referent(a_1) = Referent(a_2)$. Les auteurs avancent ensuite que cette définition ne parvient pas à rendre compte de toutes les données : en effet, certains cas traditionnellement considérés comme des exemples de coréférence semblent ne pas lui être tout à fait compatibles.

Un premier problème, selon Kibble & van Deemter (2000), touche les anaphores liées par un SN quantifié. Dans la phrase suivante :

(2.1) Every TV network reported its profits.

Les auteurs remarquent que *Every TV network* et *its* ne peuvent être coréférents d'après la définition donnée, car si c'était le cas la phrase aurait un sens équivalent à *Every TV network reported every TV network's profits*, ce qui n'est pas le cas. Un second problème concerne les structures prédicatives :

(2.2) Henry Higgins, who was formerly sales director of Sudsy Soaps, became president of Dreamy Detergents.

La définition proposée implique que la coréférence est une relation transitive : si *a* est coréférent à *b* et *b* est coréférent à *c*, alors *a* est coréférent à *c*. Si la prédication dénote une identité référentielle entre les arguments, alors *Henry Higgins* est coréférent à *sales director of Sudsy Soaps* et à *president of Dreamy Detergents*, donc par transitivité ces deux derniers SN devraient être coréférents ; mais ce n'est pas le cas. En 2.2, c'est la différence de temporalité entre les deux verbes qui pose problème ; mais on retrouve la même situation lorsque les prédicats sont de modalité différente :

(2.3) Henry Higgins might be the man you have talked to.

Les auteurs avancent que la relation entre *Henry Higgins* et *sales director of Sudsy Soaps*, en 2.2, est analogue à la relation entre *Henry Higgins* et *the man you have talked to* en 2.3, seulement, au lieu de dépendre d'un point dans le temps, elle dépend d'un monde possible.

La transitivité est également absente dans le cas de SN pluriels, plus spécifiquement lorsque ceux-ci ont des antécédents multiples comme dans l'exemple 2.4 :

(2.4) *Chargeurs SA* cède à *Air France* 54,58 % du capital d'UTA, sur les 82,88 % qu'il détient, avec promesse de vente du reste. (...) Les négociations se sont déroulées au plus haut niveau *des deux compagnies*. (monde1015)

Si l'on suggère qu'il existe une coréférence entre le SN pluriel *les deux compagnies* et chacun de ses antécédents, ces derniers ne sont cependant pas coréférents entre eux.

Mis à part ceux que relèvent Kibble & van Deemter (2000), on peut trouver d'autres exemples où la définition ne semble pas correspondre à ce que certains considèrent comme des cas de coréférence. Mentionnons en premier lieu ce que Danlos (2003) appelle la *coréférence événementielle*, qui se caractérise par la nature d'événement du référent, et par le fait que les expressions qui y réfèrent sont des propositions :

(2.5) Paul a fait le ménage. Il a passé l'aspirateur.

Ici les deux phrases de l'exemple, malgré qu'elles en offrent une perspective différente, dénotent tout de même un seul événement : elles sont coréférentes. On constate donc que les expressions pouvant être coréférentes ne se limitent pas aux SN : la définition formulée plus haut semble alors à cet égard trop restrictive. Ceci dit, les événements peuvent être dénotés par autre chose que des propositions ; c'est le cas de la *deixis discursive*, où un pronom (2.6, 2.7) a pour antécédent un segment du discours :

(2.6) Nous sommes placés maintenant devant la nécessité impérieuse d'affiner notre positionnement politique et notre communication. **Ceci** est un vrai débat dans l'opposition (...) (monde8619)

(2.7) Le vote féminin serait-il, au sein du Parti socialiste, un enjeu majeur à six mois d'un congrès ? On pouvait **le** croire en voyant, samedi 23 septembre, les «éléphants» du PS défiler (...) (monde6777)

Les solutions proposées par Kibble & van Deemter (2000) pour les problèmes qu'ils soulèvent visent toutes à modifier ou à apporter des précisions sur l'annotation de la coréférence en vue du développement d'outils de résolution ; on ne propose pas de modifier la définition, même s'il est sous-entendu qu'un travail de cette nature pourrait être utile. Nous croyons que l'ensemble des cas non-conformes à la définition proposée ne le sont pas tous pour les mêmes raisons, et qu'il est nécessaire de comprendre pourquoi avant d'avancer une solution[1] ; notre travail, cependant, a des visées nettement plus applicatives, et nous laisserons à d'autres le soin d'approfondir cette question.

Ceci a pour conséquence que le présent travail, s'il utilise la définition communément admise de la coréférence, doit faire abstraction des niveaux

---

[1] Un premier pas dans ce sens consisterait certainement à remettre en question la prémisse qu'il existe une correspondance biunivoque entre entités et expressions référentielles : dans l'exemple 2.1 présenté plus haut (*Every TV network reported its profits*), peut-on vraiment affirmer que le SN a un référent ? Le quantificateur *Every* permet de désigner plusieurs entités distinctes et similaires, mais il est difficile de considérer que l'ensemble qu'elles forment constitue une entité unique. En ce sens, le problème qu'pose cette phrase viendrait du fait que la définition de Kibble & van Deemter (2000) ne s'y applique tout simplement pas, étant donné la présence du quantificateur. Nous verrons dans le cadre de ce travail comment les déterminants ont le même effet en français.

d'analyse linguistique qui expliquent les cas présentés plus haut, à savoir les niveaux sémantique et pragmatique où les interprétations modales, temporelles, collectives ou autres de certaines untiés linguistiques permettent de formuler des inférences qui déterminent l'interprétation globale des énoncés. Ainsi, nous traitons les informations linguistiques comme rien de plus qu'un ensemble d'étiquettes; nous nous concentrons sur les formes linguistiques, et non sur les entités qu'elles dénotent. La coréférence, dans le contexte de l'agorithme que nous présenterons plus loin, est simplement une propriété partagée par deux expressions nominales dans un même texte.

2.2 Ce que la coréférence n'est pas

Un exemple typique de coréférence est le suivant, où un nom propre, une description définie et des pronoms dénotent le même référent :

(2.8) **Mr Séguin**, décrit par ses amis comme «au mieux de sa forme, très calme et très déterminé», a développé certains des arguments qu'il devait présenter jeudi matin devant la presse. A la base de sa démarche, et de celle de Mr Pasqua, se trouve le souhait de «réveiller la conscience du mouvement gaulliste», à un moment où il s'enfonce dans «la médiocrité». **Le maire d'Epinal** est convaincu que la rénovation de l'opposition passe par là. Il souhaite, dans les mois qui viennent, développer le thème d'un nationalisme français généreux et exportateur de ses valeurs (...) (monde1202)

Dans cet extrait, on peut établir la coréférence entre *Mr Séguin* et *Le maire d'Epinal* sur la base d'une certaine connaissance du monde, qui nous amène à isoler une seule et unique entité comme référent possible pour les deux expressions. On remarquera qu'il n'existe à priori aucune dépendance sémantique entre celles-ci : chacune d'elles est associée à son référent indépendamment de l'autre, et la coréférence découle du fait qu'il y ait une identité entre ces deux référents. Les choses sont différentes en ce qui a trait aux pronoms, puisque leur interprétation dépend de la mention antérieure d'un référent par le biais d'une expression sémantiquement plus riche comme un nom propre ou une description définie. On le constate facilement en remplaçant, dans le texte en 2.8, *Mr Séguin* et *Le maire d'Epinal* par des pronoms : il devient impossible de déterminer de qui il est fait mention.

Cette dépendance est caractéristique de l'*anaphore*[2], que l'on définit généralement comme «une relation entre deux éléments linguistiques dont l'interprétation de l'un, l'expression anaphorique, dépend de l'interprétation de l'autre, qu'on appelle l'antécédent» (Huang (2000)). À première vue il semblerait donc que l'anaphore soit un cas particulier de coréférence, puisque les pronoms anaphoriques forment une partie de toutes les expressions pouvant entretenir une relation de coréférence ; aussi plusieurs travaux portant sur la «résolution de l'anaphore» se concentrent sur la détection des coréférences entre les pronoms personnels et leurs antécédents (voir par exemple Ge et al. (1998), Mitkov (1994) ou Palomar et al. (2001)). Mais ce n'est pas le cas : l'anaphore est en fait un phénomène plutôt large, qui va bien au-delà de la coréférence entre SN.

Les travaux présentés dans Huang (2000) visent à faire l'inventaire, pour un très grand nombre de langues (environ 550), des formes que peuvent prendre l'anaphore. L'auteur donne de nombreux exemples où les éléments impliqués ne sont pas des SN : en Harway, une langue du Madang en Papouasie-Nouvelle-Guinée (2.9), c'est le verbe qui est marqué différemment selon que son sujet soit ou non coréférent à celui du verbe de la proposition suivante :

(2.9) ha   doyw   nwgwon   bor   dwa
enfant rat   voir-MS courir partir:PRES:3SG:DECL
'L'enfant$_1$ a vu le rat et il$_1$ s'est sauvé'

(2.10) ha   doyw   nwgwmon   bor   dwa
enfant rat   voir-SD   courir partir:PRES:3SG:DECL
'L'enfant$_1$ a vu le rat$_2$ et il$_{2/3}$ s'est sauvé'

(Huang (2000), p.11)

Dans la première phrase, le verbe pour VOIR a un suffixe (noté MS, «même sujet») qui indique l'identité de son sujet avec celui de la proposition suivante ; dans la seconde phrase, le suffixe (SD, «sujet différent») indique qu'au contraire les deux sujets ont une référence disjointe. Ici, c'est donc l'interprétation du second verbe, plus spécifiquement, l'identification d'un de ses arguments, qui dépend du premier verbe, son antécédent.

---

[2] Il existe en anglais une distinction entre les termes *anaphor* et *anaphora* : le premier désigne les éléments linguistiques (pronoms, ellipses, etc.) qui peuvent être anaphoriques, et le second dénote le phénomène linguistique lui-même. Ici nous traduisons ces termes respectivement par *expressions anaphoriques*. et *anaphore*

On peut aussi avoir des cas où l'anaphore n'implique pas de relation de coréférence : c'est le cas du *bridging* (Clark (1975)), où l'interprétation d'un SN découle de présupposés établis dans un segment de discours précédent :

(2.11) John walked into the music room. The piano was made in the nineteenth century.

(Huang (2000), p.249)

Dans cet exemple, on identifie le piano comme étant celui qui fait partie de la salle de musique : *the piano* est référentiellement dépendant de la première phrase, qui spécifie le contexte nécessaire à son interprétation.

On notera aussi que dans plusieurs travaux sur la détection des anaphores en anglais, notamment Lappin & Leass (1994), Kennedy & Boguraev (1996) et Hirschman & Chinchor (1997), on inclut les SN possessifs dans l'ensemble des expressions anaphoriques à résoudre. Malgré qu'on ne fasse nulle part mention des possessifs dans Huang (2000), ceux-ci semblent tout de même se conformer à la définition proposée. Dans une phrase comme celle en (2.12), on peut considérer que l'interprétation (plus précisément, l'identification du référent) de *his dog* dépend de celle de *man* ; par ailleurs cette dépendance est marquée grammaticalement par l'accord de genre entre le déterminant possessif et le possesseur :

(2.12) A man died after jumping into a river to save **his dog**. (London Times, 06/06/2006)

On reconnaît donc qu'il existe des cas de coréférence qui sont aussi des anaphores, mais que certaines anaphores ne font pas partie du domaine de la coréférence : en fait, les deux phénomènes se chevauchent.

2.3 La résolution de la coréférence en trois actes

Peu importe comment on le conçoit, un système de résolution de la coréférence est à la base un algorithme de traitement d'information, ce qui implique qu'il possède des intrants et des extrants : par exemple, à l'entrée on aura un texte annoté de certaines informations linguistiques, et à la sortie, le même texte auquel on aura ajouté une annotation spécifiant les liens de coréférence entre les expressions. La plupart des travaux du domaine ont pour objectif des applications répondant à des besoins différents, et dont la qualité des ressources linguistiques peut se montrer très variable : en conséquence, il n'existe aucun standard ni aucune convention à ce jour quant à la manière dont les données entrantes et sortantes d'un système de résolution doivent être constituées. Il nous faut donc faire un tour d'horizon des travaux du domaine avant de bien situer le nôtre.

2.3.1 Quelles données traiter ?

On peut regrouper les efforts de recherche dans deux groupes principaux : ceux qui traitent des anaphores pronominales (la majorité), et ceux qui visent à résoudre tous les cas de coréférence, pronominale comme nominale. Dans certaines langues, on retrouve ce qu'on appelle une *anaphore-zéro*, qui consiste en fin de compte en une ellipse du pronom. Le japonais est une de ces langues ; conséquemment, certains travaux portant sur la résolution des pronoms en japonais (Aone & Bennett (1995), Kawahara et al. (2004), Seki et al. (2002)) incluent le traitement des ellipses pronominales. Notons que les recherches sur le traitement des ellipses pronominales, pour d'autres langues, sont rares ; citons toutefois Kehler (1993) et Iida et al. (2003) pour l'anglais.

Il va sans dire que se limiter au traitement des pronoms est a priori moins complexe, puisque le problème de la détection des expressions à traiter est moins prononcé : dans la très grande majorité des cas, un pronom aura son antécédent dans le texte qui le précède. Lorsqu'on détecte un pronom ou tout autre expression pronominale, à moins d'avoir affaire à un *il* impersonnel, on sait donc d'emblée qu'il possède un antécédent. Pour le traitement des coréférences nominales au contraire, il faut dans un premier temps déterminer quelles sont les expressions susceptibles d'avoir un antécédent avant de rechercher ce dernier ; on doit déterminer l'*anaphoricité* des expressions référentielles. Ce problème n'est pas trivial, et fait l'objet d'un nombre croissant de travaux, notamment Ng (2004), Uryupina (2003) et Uryupina (2004). Nous y reviendrons au chapitre 4.

En second lieu, la question de la constitution des chaînes de coréférence peut être ignorée lorsqu'on ne traite que les anaphores pronominales ; en effet lorsqu'il ne s'agit que de trouver un antécédent pour un pronom, la relation qu'on spécifie concerne des paires d'expressions qui peuvent très bien être considérées indépendamment les unes des autres. Lorsqu'on veut résoudre tous les cas de coréférence par contre, on souhaite disposer à la fin du traitement d'un ensemble de données cohérentes (*i.e.* des chaînes) qui respectent, minimalement, le critère de transitivité mentionné plus haut. Ceci impose des contraintes sur la manière dont sont regroupées les expressions, une fois qu'on a déterminé l'existence d'un lien de coréférence entre elles.

2.3.2 Comment traiter les données ?

Il n'y a pas une stratégie unique pour résoudre les anaphores ou la coréférence. Ici encore, on peut définir deux approches générales, conformément à ce qu'on retrouve dans le domaine plus large des recherches en intelligence artificielle : le premier groupe est constitué des approches symboliques, et le second favorise les méthodes numériques. Chacun de ces deux groupes se divise lui-même en plusieurs classes. Notons bien cependant que ces regroupements touchent aux modes de traitement des données, et non aux travaux en eux-mêmes : la plupart d'entre eux, quoiqu'ils mélangent rarement les approches symboliques et numériques, font tout de même souvent intervenir plusieurs méthodes différentes à l'intérieur d'une même approche.

Méthodes symboliques

Les approches symboliques se caractérisent par le fait que les systèmes qui les adoptent manipulent directement des informations explicitement associées aux expressions traitées. Une première distinction entre elles repose sur le résultat du traitement, plus spécifiquement, par l'étiquette associée à une paire d'expressions à l'issue de leur comparaison lorsqu'on cherche à déterminer si elles sont coréférentes. Les méthodes à base de règles, celles qui s'appuient sur la notion de saillance (nous y reviendrons plus bas) et celles de recherche par critères se caractérisent par le fait que l'indice de coréférence d'une paire est binaire : soit une paire est coréférente ou alors elle ne l'est pas. Les méthodes basées sur l'ordonnancement des paires (ou *ranking*) ou sur le calcul d'un indice de similarité associent quant à elles une valeur numérique à plusieurs paires d'expressions, et c'est sur ces valeurs qu'on se fie pour déterminer lesquelles sont coréférentes.

Un des premiers, sinon le premier algorithme de résolution des pronoms est l'algorithme «naïf» de Hobbs (1978), où l'on recherche l'antécédent en parcourant l'arbre résultant d'une analyse syntaxique. Outre les étiquettes syntaxiques des constituants, on se fie uniquement sur les marques de genre et de nombre pour faire un choix. Ce type de méthode pourrait être qualifié de «recherche par critères».

Un autre groupe de travaux prend appui sur des notions structurelles pour résoudre les anaphores pronominales ; ici cependant la structure est celle du discours et non celle de la phrase, et on s'en sert pour ordonner les candidats antécédents par ordre de saillance. Il existe plusieurs versions de ces algorithmes qui spécifient l'ordonnancement, décrits dans les travaux théoriques sur la théorie du centrage (Grosz & Sidner (1986)) ou dans les modèles analogues comme les mécanismes de focus de Sidner (1981). Les systèmes présentés notamment dans Mitkov (1994), Azzam et al. (1998) et Iida et al. (2003) intègrent des mécanismes de ce genre. L'idée générale derrière ces modèles est que le centre d'attention d'un locuteur (pour la théorie du centrage) ou le focus (pour le modèle du même nom) se déplacent au fil du texte et qu'on peut formaliser ce déplacement au moyen d'un certain nombre de règles opérant sur les pronoms et autres expressions nominales d'un texte. L'utilisation de tels modèles, pour la résolution de la coréférence, se justifie par l'hypothèse que l'élément le plus saillant d'un segment de texte donné sera plus susceptible que toute autre expression d'être l'antécédent d'un pronom dans ce même segment de texte. Les résultats d'une telle approche ne sont pas toujours concluants, comme le souligne Azzam et al. (1998).

Ensuite, on retrouve un certain nombre de systèmes à base de règles, utilisant celles-ci dans le cadre de processus plus ou moins complexes : Harabagiu & Maiorano (2000) et Baldwin (1997), par exemple, utilisent six règles pour détecter des cas de coréférence nominale et pronominale à forte précision ; les premiers s'appuient par ailleurs sur les résultats obtenus pour favoriser par *bootstrapping* la détection de nouveaux cas, mettant ainsi à profit la propriété de transitivité de la coréférence. Dans le cas de Mitkov (1994), on utilise un ensemble de règles conjointement aux mécanismes de centrage vus plus haut.

Méthodes numériques

Il existe trois catégories de travaux qu'on peut regrouper sous la bannière des méthodes numériques.

La première catégorie se constitue des méthodes basées sur un indice de similarité entre expressions. Dans Cardie & Wagstaff (1999) par exemple on utilise un algorithme d'agrégation qui définit des groupes d'expressions en fonction d'une mesure de distance, plus précisément, qui regroupe entre elles les expressions dont la distance est inférieure à un seuil donné. Le calcul de similarité lui-même est fondé sur la comparaison des propriétés (classe sémantique, nombre, catégorie syntaxique, etc.) de deux expressions.

La seconde catégorie, assez répandue, est celle qui consiste à donner un poids puis ordonner, pour une expression-cible, les candidats à la coréférence. Les travaux de Carbonell & Brown (1988), Lappin & Leass (1994), Kennedy & Boguraev (1996), Mitkov (1998), Mitkov et al. (2002) et Dimitrov et al. (2002) en sont des exemples. Il s'agit, pour chaque candidat, de lui donner un certain nombre de points s'il satisfait certains critères : par exemple, 5 points s'il est du même genre que l'expression-cible, 2 points s'il est en position de sujet, etc. Au final, on conserve celui qui obtient le score le plus élevé. L'avantage des méthodes de ce type est qu'elles donnent la possibilité, suite à une évaluation de leur performance sur un corpus, de faire des ajustements très précis : on peut assez aisément ajouter ou supprimer des critères, ou encore modifier leurs poids, pour améliorer les résultats.

Il faut dire cependant que la majorité des approches numériques forment une troisième catégorie de travaux : les méthodes statistiques, se divisant elles-mêmes en deux branches. Un premier sous-groupe de travaux se caractérise par le fait qu'au centre de la stratégie de résolution se trouve un calcul de probabilité ; le second sous-groupe, plus proche de l'informatique, se compose d'algorithmes d'apprentissage. Un trait commun à ces deux groupes est que les systèmes qu'ils présentent requièrent une phase d'entraînement sur un corpus de textes, et qu'a priori, aucune connaissance approfondie du domaine n'est nécessaire. Typiquement, on représente chaque paire d'expressions dont on veut déterminer si elles sont coréférentes par un ensemble de propriétés, par exemple, le fait que les deux expressions aient le même genre, que la seconde expression soit un pronom, etc. Lors de l'entraînement, on spécifie une propriété qui dénote si les deux expressions sont ou non coréférentes ; lors de l'utilisation normale, sa valeur est inconnue, et il s'agit donc de la prédire à partir des autres propriétés.

Les systèmes décrits dans Ge et al. (1998), Witte & Bergler (2003) et McCallum & Wellner (2003) font cette prédiction à partir d'un calcul de probabilités conditionnelles : plus spécifiquement, la probabilité de coréférence entre deux expressions est déterminée par la cooccurrence de certaines valeurs des propriétés décrivant la paire avec l'existence d'une coréférence entre elles. Les propriétés les plus discriminantes sont, durant l'entraînement, fréquemment associées à l'existence d'une coréférence ; ainsi lorsqu'on les retrouve dans les paires d'expressions qu'on cherche à catégoriser, elle ont pour effet d'augmenter la probabilité de coréférence. L'inverse est vrai avec les propriétés fréquentes dans les cas de référence disjointe.

Enfin, un certain nombre d'algorithmes formulent cette prédiction par le biais d'arbres de décision, notamment les arbres C4.5 Quinlan (1993) ; l'idée derrière cette méthode consiste à déterminer, pour chaque propriété parmi celles qui caractérisent une paire d'expressions, laquelle permet la meilleure division des données en deux classes (ici : paires coréférentes ou non coréférentes), ou, pour parler en des termes propres à la théorie de l'information, celle qui *maximise le gain d'information*. Cette recherche est répétée jusqu'à ce qu'on ait épuisé toutes les propriétés : on se retrouve ainsi avec un arbre où chaque niveau correspond à une division des données restantes par une propriété, et dont les noeuds terminaux spécifient la valeur à prédire. La première application des arbres de décision au problème de la coréférence remonte à McCarthy (1996) ; l'approche a ensuite été raffinée dans (principalement) Soon et al. (2001), Ng & Cardie (2002), Strube et al. (2002) et Yang et al. (2004).

Des deux grands types d'approche, les méthodes numériques, en particulier les méthodes centrées sur les arbres de décision, semblent donner globalement les meilleurs résultats : Ng & Cardie (2002) notamment rapportent une précision de 75% et un rappel de 64% pour une tâche de détection de tous les cas de coréférence. Ceci dit, étant donné la variation des tâches (résolution des pronom personnels, de tous les pronoms, de toutes les coréférences, etc.) et des objectifs (qui ont un impact sur le fait qu'on privilégie le rappel ou la précision), il est très difficile, voire impossible, de déterminer quel est «le meilleur système» indépendamment du contexte d'application. À titre d'exemple, l'algorithme de Baldwin (1997), basé sur des règles, qui mise sur une précision élevée et se concentre sur les pronoms, obtient une précision de 92% et un rappel de 64%.

2.3.3 Comment représenter la coréférence ?

Pour terminer notre tour d'horizon, nous allons aborder plus avant certaines questions structurelles. Nous avons vu précédemment que pour toutes les approches existantes, peu importe la méthode employée, la détection des coréférences prend toujours la forme d'une décision qui découle de la comparaison de deux expressions. Il s'agit maintenant de voir, une fois la coréférence résolue, ce que l'on fait avec les paires d'expressions dont on dispose. La question à laquelle nous tentons ici de répondre est : quel est le minimum de structure qu'il faut donner à ces paires d'expressions pour pouvoir proclamer que notre système résout effectivement les coréférences ? Nous tenterons ici de définir le champ des possibles en ce qui concerne ces éléments structurels minimaux. Prenons d'abord le texte suivant, annoté de manière simple pour les besoins de l'exemple :

(2.13) Dans le gouvernement de Kurt Georg Kiesinger (CDU), où **Mr Willy Brandt**$_1$ était **ministre des affaires étrangères**$_1$ et **vice chancelier**$_1$, **Herbert Wehner**$_2$ occupait le poste de **ministre des affaires interallemandes**$_2$, ce qui **le**$_2$ mettait en contact direct avec nombre de ses anciens camarades qui détenaient maintenant le pouvoir à **Berlin-Est**$_3$. **Il**$_2$ s'attacha discrètement dans cette époque de guerre froide à tisser des liens avec **l'autre coté**$_3$ pour obtenir la libération de prisonniers politiques. Après la victoire du SPD aux élections de 1969, **il**$_2$ quitte le gouvernement, en désaccord avec un **Willy Brandt**$_1$ bien décidé a conclure un pacte de gouvernement avec les libéraux. **Il**$_2$ joue alors un rôle-clé comme **chef**$_2$ du groupe parlementaire SPD au Bundestag, critiquant en coulisse **un chancelier Brandt**$_1$ qu'**il**$_2$ accusait de manque de caractère. L'affaire Guillaume, cet espion est allemand infiltré dans l'entourage du **chancelier**$_1$, **lui**$_2$ donne l'occasion, en 1974, de précipiter la chute de **Willy Brandt**$_1$ et d'installer à sa place **un homme**$_4$ avec **lequel**$_4$ **il**$_2$ avait plus d'atomes crochus : **Helmut Schmidt**$_4$. Le remplacement de **ce dernier**$_4$, en octobre 1982, par Helmut Kôhl marque aussi la fin de la vie politique d'**Herbert Wehner**$_2$. (monde163)

On retrouve dans ce texte quatre groupes d'expressions coréférentielles, dont chacun correspond à un indice :

(2.14) 1. Mr Willy Brandt - ministre des affaires étrangères - vice chancelier - Willy Brandt - un chancelier Brandt - chancelier - Willy Brandt
2. Herbert Wehner - ministre des affaires interallemandes - le - Il - il - Il - chef - il - lui - il - Herbert Wehner
3. Berlin-Est - l'autre coté
4. un homme - lequel - Helmut Schmidt - ce dernier

Paires

Une première façon de traiter les paires d'expressions coréférentes consiste simplement à ne rien en faire de particulier. Pour l'exemple en 2.14-4, un algorithme de résolution fonctionnant à la perfection, qui détecterait toutes les coréférences et ne générerait aucune donnée fausse, nous donnerait l'ensemble de paires suivantes :

a. un homme - lequel
b. un homme - Helmut Schmidt
c. un homme - ce dernier
d. lequel - Helmut Schmidt
e. lequel - ce dernier
f. Helmut Schmidt - ce dernier

L'avantage d'un tel ensemble de paires est, principalement, la simplicité de l'évaluation des résultats : on peut facilement associer une valeur à la qualité des résultats par les indices «classiques» de précision et de rappel ; en outre, l'application visée ne nécessite peut-être pas des données plus structurées.

Nous croyons cependant qu'une telle manière de représenter la coréférence n'est pas idéale, premièrement parce qu'elle peut laisser passer des données incohérentes en vertu de la propriété de transitivité mentionnée plus haut (2.1). Rien n'empêche en effet d'avoir l'ensemble de paires suivant, où on établit une coréférence entre un nom commun et deux noms propres de référence disjointe :

a. un homme - Willy Brandt
b. un homme - Helmut Schmidt

Des cas comme celui-ci peuvent poser des problèmes autres que théoriques. Pour formaliser un peu, imaginons trois expressions a, b et c soumises à un algorithme, qui retourne les décisions suivantes sur les trois paires possibles qu'elles peuvent former :

1 $(a, b) \rightarrow Coref = oui$
2 $(a, c) \rightarrow Coref = oui$
3 $(b, c) \rightarrow Coref = non$

Notre système a traité trois paires, et on a la certitude qu'au moins une des décisions est erronée : si (a,b) et (a,c) sont coréférentes, alors (3) est faux ; si (a,b) sont coréférentes et (b,c) ne le sont pas, alors (2) est faux ; etc. On peut évidemment mettre en place un mécanisme pour vérifier qu'un ensemble de paires respecte la propriété de transitivité ; mais ce que nous tentons de montrer ici est que le respect de cette propriété ne découle pas naturellement de la structure utilisée pour représenter la coréférence. Ceci est à notre avis un motif pour lui préférer autre chose.

Un second problème de la représentation par paires d'expressions est qu'elle n'est pas complètement indépendante de la méthode choisie pour résoudre la coréférence. On aimerait en effet que l'évaluation ne dépende que du résultat final du traitement, et non de certains aspects internes à ce dernier ; or, ce n'est pas le cas lorsqu'on évalue des paires d'expressions, notamment en ce qui concerne l'algorithme de parcours du texte. En effet, pour des raisons d'économie de ressources, il est fréquent que les algorithmes de résolution, par exemple lors de la recherche de l'antécédent d'un pronom personnel, s'arrêtent après le premier candidat détecté qui est jugé coréférent à l'expression-cible, plutôt que de tenter de retracer toutes les paires coréférentes. Or, on peut facilement démontrer que ces deux façons de faire, pour une même erreur, donneront des résultats différents ; imaginons un texte schématisé comme suit, contenant deux ensembles d'expressions coréférentes (dénotées par un indice commun) :

(2.15) $A_i B_j C D_i E F_j G_i H_j I_j$
$\{A, D, G\}$
$\{B, F, H, I\}$

Imaginons maintenant deux algorithmes de résolution qui parcourent ce même texte du début à la fin, et qui, lorsqu'ils détectent une expression nominale, recherchent les expressions coréférentes dans le texte qui précède en parcourant celui-ci en sens inverse. Le premier algorithme cesse sa recherche dès qu'une expression coréférente est trouvée ; le second continue sa recherche jusqu'à atteindre le début du texte. Dans le cas où les deux fonctionnent à la perfection, on aura deux ensembles de paires différents :

Algo 1	Algo 2
I	*I*
(G,D)	(G,D) (G,A)
(D,A)	(D,A)
j	*j*
(I,H)	(I,H) (I,F) (I,B)
(H,F)	(H,F) (H,B)
(F,B)	(F,B)

Ces ensembles de paires constituent chacun l'ensemble de référence pour l'évaluation de l'algorithme qui leur correspond. Maintenant, supposons que des deux algorithmes, aucun ne parvient à détecter que l'expression H correspond au référent j : l'ensemble de paires, pour chaque algorithme, est donc celui-ci :

Algo 1	Algo 2
i	*i*
(G,D)	(G,D) (G,A)
(D,A)	(D,A)
j	*j*
(I,F)	(I,F) (I,B)
(F,B)	(F,B)

Si on désire quantifier les performances de chaque algorithme dans ce dernier cas par une mesure de rappel[3], on obtiendra pour l'algorithme 1 une valeur de 80%, et pour l'algorithme 2, 67% ; on peut facilement montrer que

---

[3]Pour mémoire : si on définit l'ensemble A comme les coréférences retournées par l'algorithme et l'ensemble B comme les coréférences réelles, alors $P = \frac{A \cap B}{A}$ et $R = \frac{A \cap B}{B}$

la situation est similaire pour la précision. Le problème ici est que les erreurs de traitement décrites d'une manière générale et intuitivement correcte (*i.e.*, «*une expression ignorée par le processus de résolution*») peuvent avoir un impact variable si on se limite a représenter la coréférence comme un ensemble de paires, du fait que plusieurs ensembles de paires peuvent dénoter, implicitement ou explicitement, les mêmes coréférences.

Pour ces raisons, nous jugeons qu'un outil de traitement de la coréférence n'est pas complet tant qu'il se limite à retourner un ensemble des paires coréférentes en guise de résultat.

Chaînes

À la vue des exemples cités plus haut, on comprend vite pourquoi on parle souvent de *chaînes de coréférence* pour désigner les groupes d'expressions coréférentes. Le choix du terme «chaîne» n'est peut-être pas, cependant, des plus heureux, car il mène à penser que chaque expression n'entretient des liens particuliers qu'avec l'expression coréférente qui la précède ou la suit immédiatement ; or il n'est pas certain que cela soit toujours le cas. En effet s'il existait un lien entre les expressions coréférentes successives, on peut supposer que ce lien se traduirait en linguistique par une cohérence en ce qui concerne les marques grammaticales comme le genre ou le nombre. Dans la plupart des cas, c'est ce qu'on retrouve : tous les éléments de la chaîne 2 de l'exemple 2.13, plus haut, sont au masculin singulier. Mais il existe aussi des exemples du contraire :

(2.16) Quant à **Gary Hart**, **l'étoile déchue** de le Parti démocrate, **il** estime pour sa part (...) (monde1992)

(2.17) L'accord de coopération conclu voici un an entre Air France et Air Inter devra être modifié. Ses dispositions financières sont jugées incompatibles avec les règles de concurrence de **la CEE**. (...) Mr Karel Van Miert, chargé de la politique des transports, est peu enclin à utiliser [des moyens visant à faire respecter un minimum de concurrence]. Selon lui, faire appel à l'article 90 ne peut qu'indisposer Paris et rendre plus difficile le débat entre **les Douze** sur le second train de propositions de la Commission visant à davantage libéraliser les transports aériens.

En 2.16 le groupe nominal et le pronom n'ont pas le même genre grammatical ; on peut donc difficilement avancer qu'il existe une relation linguistique entre les deux expressions. En 2.17, ce sont deux noms propres qui sont marqués différemment pour le genre ; encore une fois, ceci élimine la possibilité d'une relation de nature linguistique. Dans ce dernier exemple, le fait qu'on ait deux noms propres explique peut-être cette absence de lien : en effet les noms propres se distinguent des autres expressions nominales par leur relative indépendance au contexte en ce qui a trait à leur interprétation. Un nom propre est un désignateur direct, une étiquette donnée à un référent unique. Deux noms propres désignant le même référent sont ainsi complètement indépendants l'un de l'autre a priori, et le seul moyen de déterminer qu'ils sont coréférents consiste à savoir que le référent de l'un est la même entité que le référent de l'autre, une connaissance qui n'a rien de linguistique :

(2.18) **La Grande Bretagne**, grâce à la qualité de son blé, à ses coûts de transport intérieurs compétitifs et à la baisse de la livre, en avait écoulé un million de tonnes. Le blé de **la Perfide Albion** se traitait de 4 à 5 dollars par tonne en deçà du grain français. (monde1880)

Une notion plus précise de chaîne est proposée dans Schnedecker (1997) : on la définit comme la suite des expressions référentielles homogènes encadrées par deux noms propres ou deux SN pleins identiques coréférents. Les éléments de la chaîne peuvent donc avoir le statut de borne ou de maillon, et parfois même les deux simultanément puisque l'auteur avance que les maillons d'une chaîne peuvent être à la tête de sous-chaînes. Dans une séquence en 2.19, où «0» désigne une anaphore-zéro, on a ainsi une première chaîne dont la tête est le nom propre *Lise* et les maillons sont les pronoms, et deux sous-chaînes dont les pronoms sont les têtes et les maillons sont les anaphores-zéro :

(2.19) [Lise ... elle ... [elle ... 0] ... [elle ... 0 ... 0] ... elle]

On remarquera que, dans le cadre de cette définition, un groupe d'expressions coréférentes pourrait très bien ne contenir aucune chaîne, dans le cas par exemple où il ne contiendrait que des noms propres. Aussi dans le cas des cataphores (*Quand il eût terminé son déjeuner, Max partit au travail*),

Schnedecker (1997) propose qu'un maillon soit rattaché à la première tête à droite si aucune n'est disponible à gauche.

La notion de chaîne de Schnedecker (1997), appliquée à notre exemple, donne les représentations suivantes :

1. [Mr Willy Brandt ... ministre des affaires étrangères ... vice chancelier] ... [Willy Brandt ... un chancelier Brandt ... chancelier] ... Willy Brandt
2. [Herbert Wehner ... [ministre des affaires interallemandes ... le ... Il ... il ... Il]] ... [chef ... il ... lui ... il]] ... Herbert Wehner
3. [Berlin-Est - l'autre coté]
4. SPD - groupe parlementaire SPD
5. [un homme - lequel - Helmut Schmidt - ce dernier]

En somme, dans cette perspective, les expressions qui désignent une même entité ne sont pas équivalentes, mais hiérarchisées : les noms propres peuvent être la tête de chaînes constituées de noms communs, de pronoms ou d'anaphores-zéro ; les noms communs peuvent être en tête de chaînes de pronoms ou d'anaphores-zéro, et les pronoms, uniquement en tête de chaînes d'anaphores-zéro.

Classes d'équivalence

Une autre notion souvent utilisée (Vilain et al. (1995), Cardie & Wagstaff (1999), Passonneau (2004)) pour décrire les groupes d'expressions coréférentes est celle de *classes d'équivalence*, empruntée à la théorie des ensembles en mathématiques. Elle-même s'appuie sur la notion de *relation d'équivalence*, définie comme étant une relation binaire entre deux éléments d'un ensemble qui respecte un critère de réflexivité, de symétrie et de transitivité. Une classe d'équivalence regroupe ainsi tous les éléments d'un ensemble qui entretiennent une relation d'équivalence. Un exemple de relation d'équivalence est «être égal à» : elle est réflexive, car $a = a$; elle est symétrique, car si $a = b$, alors $b = a$; et elle est transitive, car si $a = b$ et $b = c$, alors $c = a$. L'ensemble {a,b,c} forme donc une classe d'équivalence.

L'avantage principal d'une telle représentation réside dans son caractère formel, ce qui, dans le contexte du développement d'un système de résolution, permet la définition très précise de diverses métriques d'évaluation. Parmi celles-ci on retrouve des mesures standard comme l'indice de Rand (Rand (1971)) ou le coefficient κ (Cohen (1960)), mais il existe plusieurs méthodes qui ont été développées expressément pour l'évaluation des algorithmes de résolution de la coréférence (*cf.* Popescu-Belis (2000) pour quelques exemples et propositions). Par contre, nous ne croyons pas que la notion de classe d'équivalence soit suffisante, comme modèle, pour décrire la coréférence. En effet, même si il y a lieu de considérer les expressions coréférentes comme équivalentes du point de vue de leur référence, il faut remarquer que cette coréférence prend souvent la forme d'une dépendance entre deux expressions. Pour certains types d'expressions, cette dépendance a fait l'objet d'une description assez poussée chez les linguistes chomskyens, qui supposent qu'elle est de nature syntaxique[4] ; mais il existe, comme nous le savons, une dépendance sémantique entre un nom et le pronom personnel dont il est l'antécédent, et qui se manifeste par l'impossibilité d'interpréter correctement le pronom en l'absence de son antécédent dans le contexte, ou encore par la cohérence des marques morphologiques sur ces deux expressions. Pour cette raison, nous ne considérerons pas que la notion de classe d'équivalence soit bien adaptée à la représentation de la coréférence, car elle ne permet pas de rendre compte de ces dépendances.

2.3.4 Notre approche

Coréférence des entités nommées

Comme nous l'avons expliqué au chapitre précédent, ce travail a avant tout des visées applicatives : nous voulons mettre sur pied un algorithme de résolution des coréférences dans les textes écrits. Les questions d'ordre théorique sont donc hors du domaine de cette recherche ; nous nous concentrerons sur les cas où l'existence d'un lien de coréférence entre des expressions est clair.

Pour qu'il y ait coréférence, il doit d'abord y avoir référence ; or parmi toutes les expressions nominales, toutes ne sont pas référentielles. Nous adhérons ici à la conception de la référence semblable à celle de Frege, où la signification des expressions se compose de leur *sens* et de leur *référence* : de ce point de vue, le sens est cet ensemble d'informations associés à une expression qui permet de définir un objet ou une classe d'objets, et la référence est cet objet. Dans un texte sur Ronald Reagan par exemple, on pourrait très bien retrouver les deux expressions *l'ancienne star de Hollywood* et *l'ancien*

---

[4]La théorie du liage (*binding*) notamment décrit avec une grande précision la distribution des pronoms et anaphores dans certaines constructions en anglais (Chomsky (1981))

président américain, deux expressions dont le sens est différent, mais dont le référent, dans ce texte spécifique, est le même. On constate donc que la référence dépend fortement du contexte, ce qui n'est pas le cas pour le sens, ou alors dans un bien moindre mesure : on peut en effet facilement imaginer des expressions dont le sens est très clair mais dont la référence est absente, comme dans les exemples classiques *l'actuel roi de France* ou encore *le plus grand nombre entier*.

Il semble exister certaines corrélations entre la forme des expressions nominales et le fait qu'elles aient une référence. En français et, on peut le supposer, dans la plupart des langues, les noms propres semblent être le type par excellence d'expression référentielle ; à l'opposé, les noms utilisés sans déterminant dans les compléments prépositionnels («une boîte à *chaussures*») ne paraissent pas référer à quoi que ce soit. Du côté des noms communs déterminés, les distinctions sont plus subtiles : il est difficile de concevoir les démonstratifs (*cette voiture*) comme étant sans référent ; par contre les définis et indéfinis peuvent apparaître tantôt dans des contextes où leur référent est bien défini (*la voiture garée au coin de la rue*), tantôt dans des contextes où celui-ci semble moins «réel» (*la voiture est un moyen de transport très répandu*).

Pour ces raisons, nous avons décidé de nous appuyer sur les noms propres : notre objectif est, pour un texte, de détecter toutes les chaînes de coréférence contenant au moins un nom propre. Dans la chaîne de traitement linguistique dont notre système devra faire partie, on doit donc disposer, en amont, d'un mécanisme permettant de détecter les noms propres d'un texte.

Une méthode mixte

À propos des approches existantes, nous formulons trois constats : premièrement, les meilleurs résultats généraux (pour la résolution des coréférences ne se limitant pas aux pronoms) proviennent des méthodes d'apprentissage automatique ; ensuite, les algorithmes de résolution des pronoms parviennent, à partir d'un très petit nombre de règles, à obtenir une précision très élevée. Nous tenterons donc d'intégrer ces deux approches de façon complémentaire dans notre outil de résolution.

Chaînes simples

Nous avons avancé plus haut qu'un algorithme de résolution de la coréférence n'est pas complet s'il ne reconstitue pas les chaînes de coréférences.

À notre avis, une structure hiérarchique du type de celle de Schendecker, si elle peut correspondre avec une certaine réalité cognitive, ne se montre cependant pas d'une grande utilité du point de vue du TAL - si la structure de la chaîne ne découle que de la catégorie des éléments qui la composent, alors on peut se demander ce que cette structure nous apporte de plus que des informations catégorielles sur ses constituants. Pour notre part, nous nous contenterons d'une représentation linéaire des chaînes, celles-ci étant constituées des expressions référentielles du texte, sans postuler l'existence d'entités abstraites auxquelles elles se rattachent.

2.4 Conclusion

Dans ce chapitre nous avons abordé l'ensemble des problèmes propres à l'étude de la coréférence en français, dans la perspective d'une description et d'une modélisation en vue du développement d'un système de résolution de la coréférence dans les textes écrits.

Nous avons évoqué les problèmes qui existent avec la définition la plus répandue de ce que constitue la coréférence, et montré comment l'absence d'une définition plus précise justifie partiellement une approche superficielle comme la nôtre, *i.e.* qui se concentre sur les unités linguistiques et exclut du traitement les niveaux supérieurs de l'analyse linguistique ; en d'autres termes, le choix de faire abstraction des aspects plus pragmatiques de la coréférence est en partie dicté par la volonté de baser notre travail sur une définition claire du phénomène, quitte à ce que celle-ci ne soit pas complète. Nous avons ensuite délimité notre champ d'action en donnant des précisions sur les phénomènes qui, s'ils sont souvent inclus dans les systèmes de résolution existants, ne sont pas à notre avis des cas de coréférence. Enfin, nous avons montré comment se découpe la problématique générale de la résolution de la coréférence, en faisant un bref aperçu des travaux passés, ce qui nous a permis de mettre en perspective les enjeux de notre propre travail.

Dans le prochain chapitre, nous faisons la description du corpus utilisé dans le cadre de cette étude et des annotations dont il fait l'objet.

Chapitre 3

Le corpus

Comme nous l'avons expliqué dans le chapitre précédent, nous adoptons pour ce travail une approche fondée sur l'étude de textes naturels, justifiée entre autres par le fait que notre objectif consiste à jeter les bases d'un système fonctionnel de résolution de la coréférence.

La constitution d'un corpus répond, dans cette perspective, à trois besoins : premièrement, disposer de données suffisantes pour faire une description éclairée du phénomène ; ensuite, une fois le système mis en place, nous permettre d'en faire l'évaluation ; et finalement, avoir des données d'entraînement dans l'éventualité où notre prototype mette en oeuvre certains algorithmes d'apprentissage automatique.

Nous disposons d'une base de 8561 textes tirés du quotidien *le Monde* de 1989 et 1990. Ces textes ne sont pas annotés, et sont à peine formatés : chaque ligne, d'une longueur de 70 caractères maximum, est suivie d'un retour de chariot, et trois lignes vides séparent chaque paragraphe. Tous les textes publiés sont inclus : on retrouve aussi bien des articles de fond de plus de 4000 mots que des brèves de bas de page de trois ou quatre lignes. Aussi, bien que tous les textes respectent un genre « journalistique», on remarque une certaine variété dans le style, souvent en fonction du thème abordé. Les textes économiques ou politiques, par exemple, sont souvent assez neutres dans le ton, alors que les articles sportifs ou relatant un événement artistique se révèlent généralement plus riches au point de vue stylistique : les métaphores et métonymies ou autres figures de style sont plus fréquentes, comme les nombre d'adverbes et d'épithètes.

Ces textes, dans leur forme brute, sont utiles pour illustrer certains phénomènes, rechercher des motifs (*patterns*), etc. Mais pour une étude plus approfondie de la coréférence nous avons besoin d'informations qui ne s'y trouvent pas ; un aspect important de notre travail consiste donc en l'annotation d'une partie de ces textes afin d'y ajouter les informations pertinentes à notre analyse.

Dans les sections suivantes, nous verrons quelques schémas qui existent pour l'annotation de la coréférence, afin de voir comment nous pouvons les adapter à nos propres ressources. Nous décrirons ensuite notre propre schéma d'annotation et les divers traitements, linguistiques ou autres, dont notre corpus a fait l'objet.

3.1 Schémas d'annotation

Nous avons vu au chapitre précédent que de nombreux types d'information interviennent dans le processus de résolution de la coréférence : à tous les niveaux linguistiques, et même au-delà, on retrouve des informations susceptibles d'être corrélées à une relation de coréférence entre deux expressions. Dans ces circonstances, il semble impossible que des systèmes de résolution ne s'appuient sur rien d'autre que des textes bruts ; du moins, nous n'en avons trouvé aucun dans les travaux existants. Ces informations doivent donc être disponibles lors du traitement, qu'elles soient régénérées à chaque lancement du système, ce qui est coûteux, ou qu'elles soient stockées.

On constate cependant que malgré le grand nombre de travaux existants dans le domaine de la résolution de la coréférence, rares sont ceux qui précisent l'origine des informations qu'ils utilisent. Cela peut s'expliquer pour des raisons d'espace - en effet plusieurs travaux proviennent des actes de diverses conférences, où le nombre de pages suffit rarement à préciser tous les aspects du travail présenté. Une autre raison de cette lacune peut aussi venir du fait que l'intérêt pour les questions reliées à l'annotation de corpus de textes est relativement récent : on a commencé à en voir l'utilité lorsque, conjointement à la popularisation du standard d'annotation SGML (et plus tard XML), de plus en plus de textes devenaient disponibles en format électronique.

Les campagnes d'évaluation MUC-6 et MUC-7 (Grishman & Sundheim (1995), Hirschman & Chinchor (1997)), dont une des épreuves portait sur la résolution de la coréférence, ont défini à cette fin un ensemble de spécifications précises à l'usage des annotateurs. Le formalisme d'annotation est constitué de quelques balises et attributs SGML, et n'affecte que les expressions nominales faisant partie d'une relation de coréférence - les autres expressions nominales ne sont pas balisées. Nous avons vu au chapitre précédent que ces consignes d'annotation font l'objet de certaines critiques, qui ont peut-être cependant plus à voir avec la difficulté à donner une définition précise de la coréférence qu'avec le schéma d'annotation lui-même. À la base, celui-ci a l'avantage d'être très simple, et de se concentrer uniquement sur la relation d'identité du référent entre deux expressions, ce qui n'est pas le cas dans d'autres approches.

Un schéma qui se veut justement plus général est MATE (Poesio et al. (1999), Poesio (2004)), élaboré pour répondre à des exigences multiples, notamment qu'il soit utilisable autant pour l'annotation de textes narratifs que de dialogues, et ne soit pas dépendant d'une langue - un des problèmes relevés pour le schéma MUC est sa grande dépendance à l'anglais, plus spécifiquement le fait qu'il ne donne pas d'outils pour annoter, par exemple, les clitiques postverbaux dans une langue comme l'espagnol, où des éléments pronominaux font partie de la morphologie verbale (*damela* : «donne-la moi»). De plus, MATE donne la possibilité de spécifier autant de relations qu'on veut, et ce sans surcharger les fichiers annotés, par l'implémentation du principe de «standoff». Ce dernier consiste simplement à séparer l'annotation des éléments qui peuvent entretenir une relation donnée (les *marquables*) de l'annotation des relations comme telles. Concrètement, on balise toutes les expressions dont on veut tenir compte, et on y réfère par d'autres balises lorsqu'il y a effectivement une relation entre elles. Par exemple, dans le cas de la coréférence, on aurait l'annotation suivante (tiré de Poesio et al. (1999)) :

(3.1)
```
<de ID="de_01">we</de>'re gonna take <de ID="de_07"> the
engine E3 </de> and shove <de ID="de_08"> it </de> over to <de
ID="de_02">Corning</de>, hook <de ID="de_09"> it </de> up to
<de ID="de_03">the tanker car</de>...
<link href="coref.xml#id(de_07)" type="ident">
   <anchor href="coref.xml#id(de_08)"/>
</link>
<link href="coref.xml#id(de_08)" type="ident">
   <anchor href="coref.xml#id(de_09)"/>
</link>
```

Les expressions nominales sont toutes entourées des balises `<de>` qui spécifient un identifiant propre à chacune d'elles. Les liens de coréférence sont spécifiés ailleurs dans le fichier par la balise `<link>` dont les attributs `href` et `type` désignent respectivement l'identifiant de l'expression considérée comme l'antécédent dans la relation, et le type de relation - ici, une relation d'identité référentielle. La balise `<anchor>` donne l'identifiant de l'autre expression dans la relation.

L'avantage d'adopter une approche en «standoff» est évident : si l'on désire utiliser un même corpus pour plusieurs annotations différentes, on pourra stocker dans des fichiers différents l'annotation des relations de celle des marquables, diminuant considérablement le temps de traitement des fichiers. En ce qui a trait à l'annotation des relations, on dispose aussi d'un mécanisme pour spécifier les éventuelles ambiguïtés : on a en effet la possibilité d'avoir plusieurs balises `<anchor>` imbriquées dans une balise `<link>`.

Si il nous semble judicieux d'annoter toutes les expressions référentielles d'un texte, comme c'est le cas dans MATE, nous préférons conserver une certaine simplicité et spécifier les coréférences à la manière du schéma proposé dans MUC. Séparer l'annotation des marquables de celle de la coréférence peut être utile dans le cadre de projets où un même corpus est annoté pour plusieurs types de relations différentes ; mais ce n'est pas notre cas. Par ailleurs, dans le cadre de notre travail, la balise `<anchor>` ne nous semble pas particulièrement utile, car les ambiguïtés dans la relation de coréférence, si elles peuvent exister pour un locuteur au fil de la lecture d'un texte, ne persistent jamais longtemps. Les cas où, à la fin d'un texte, il est toujours impossible de déterminer l'antécédent d'une expression sont excessivement rares, voire inexistants. Encore une fois, nos préférons opter pour la simplicité et marquer la coréférence entre deux expressions d'une façon plus directe, à la manière de MUC.

3.2 Le sous-corpus

Il est bien évident que notre objectif n'est pas d'annoter la coréférence dans les 8561 textes de notre corpus. L'annotation est réalisée par une seule personne, et ceci impose une certaine limite sur le nombre de textes qui pourront être traités. De toute manière, comme nous l'avons mentionné plus haut, les textes montrent une forte variation du point de vue de leur taille, et les plus courts d'entre eux nous sont même inutiles dans la mesure où on n'y retrouve aucun cas de coréférence. Notre but est de disposer d'un ensemble de textes relativement homogène qui soit suffisamment représentatif de l'ensemble du corpus. Pour ce faire nous nous sommes basés sur deux mesures : le nombre de mots moyen par phrase et le nombre de mots total pour chaque texte.

Pour chacun des 8561 textes du corpus du journal *le Monde*, nous avons calculé ces deux valeurs, leur moyenne et leur écart-type pour l'ensemble du corpus. Les textes comprennent donc en moyenne 474 mots (écart-type : 443), et la moyenne de mots par phrase est de 27 (écart-type : 9). Nous avons ensuite sélectionné au hasard 80 textes parmi ceux pour lesquels ces deux valeurs sont situées dans une intervalle entre la moyenne, et la moyenne plus l'écart-type (*i.e* de 474 à 917 mots par texte, et entre 27 et 36 mots par phrase en moyenne).

Ce sous-corpus a ensuite été l'objet d'un traitement visant à ajouter aux textes des informations de nature linguistique. Nous avons soumis chacun d'entre eux à la chaîne de traitement TILT, une suite d'outils de TAL développée chez Orange Labs, qui a permis de générer un document XML comprenant une annotation automatique des constituants du texte allant des informations morphologiques jusqu'à certains traits sémantiques. Lors du traitement un élément <TER> (pour *terminal*) est généré pour chaque lexème détecté, et les diverses informations sur ce lexème sont données par les attributs de cet élément. En 3.2 on a un exemple de noeud <TER> pour une instance du pronom *il* ; le tableau 3.1 donne une description de chaque attribut :

(3.2) `<TER CAT="PRN-S" FLE="il" FONC="SUJ-V" ID="271" LEM="il" PI="273" TRA="GENRE/MASCULIN NOMBRE/SINGULIER PERSONNE/3PRS"/>`

Les valeurs possibles pour les traits CAT, FONC et TRA sont très nombreuses : on a en effet 140 valeurs possibles pour la catégorie d'un lexème, 59 pour les fonctions qu'il peut avoir, et 642 valeurs d'attribut réparties dans 177 traits. Cela peut sembler énorme, en particulier pour le nombre de catégories grammaticales, mais il faut préciser que les étiquettes sont plus spécifiques que les catégories «traditionnelles» en ce qui concerne le type des lexèmes. Par exemple, 29 étiquettes correspondent aux expressions nominales, dont notamment GN-NC pour les noms communs, GN-NP pour les noms propres, GN-DOM et GN-DOW pour les noms de mois («day of month») ou de jours de la semaine («day of week»), etc.

CAT	Catégorie du lexème
FLE	Forme fléchie
FONC	Fonction grammaticale
ID	Identifiant
LEM	Forme lemmatisée du lexème
PI	Identifiant du lexème parent dans la structure de dépendance
TRA	Ensemble de traits sémantiques associés au lexème

Tableau 3.1 – Attributs de TER

3.2.1 Annotation des marquables

Ces fichiers XML ont ensuite fait l'objet d'une annotation manuelle. Comme nous l'avons vu précédemment, annoter la coréférence consiste d'abord à baliser les marquables, puis ensuite spécifier les liens entre eux. Nous avons donc ajouté les balises `<EXPRESSION>` autour des pronoms et des groupes de `<TER>` constituant des expressions nominales. Pour ces dernières, nous avons inclus dans l'expression les déterminants et modifieurs, mais pas les compléments prépositionnels, ce qui permet d'éviter les enchâssements d'expressions ; aussi nous considérons comme deux expressions distinctes les SN séparés par une conjonction. Pour *Le ministre de l'emploi et du commerce*, par exemple, on aura :

(3.3) `<EXPRESSION>Le ministre</EXPRESSION>` de
      `<EXPRESSION>l'emploi</EXPRESSION>` et du
      `<EXPRESSION>commerce</EXPRESSION>`.

On notera que dans quelques cas, certaines expressions nominales, qu'on souhaiterait peut-être annoter individuellement, sont ainsi incluses dans d'autres expressions :

(3.4) <EXPRESSION>Le triumvirat arabe Maroc-Algérie-Arabie saoudite</EXPRESSION> (monde8901)

Aussi les expressions numériques, plus spécifiquement les montants et les pourcentages, ne sont pas inclus dans les éléments étiquetés comme des expressions.

Des informations sur la classe sémantique (e.g. HUMAIN, ARTEFACT, LIEU, etc.) de l'expression ont été ajoutées par le biais d'un attribut, TYP. Malgré la richesse des informations sémantiques obtenues automatiquement dans la phase précédente, la proportion de noms propres et de noms communs associés à une classe sémantique est plutôt faible - un peu moins de la moitié des noms communs (4596 sur 9678) et un peu plus du quart des noms propres (1195 sur 4020) sont associés à une classe sémantique. Les valeurs possibles de TYP (spécifiées dans le tableau 3.2) se basent sur celles que peuvent prendre les entités nommées dans les spécifications de MUC-7, plus quelques unes inspirées de Grass (2000).

PERS	Noms de personnes
LIEU	Entités géographiques, topologiques, ou constructions
ORG	Regroupements humains (entreprises, associations)
EV	Évènements de source humaine (sportifs, politiques)
PROD	Produits industriels ou culturels (*Ford Focus, Pulp Fiction*)
PHEN	Phénomènes naturels (*La comète de Halley, l'ouragan Katrina*)
TEMP	Désignations temporelles (*mercredi le 2 octobre, en 2003, le mois dernier*)
EXPL	Les pronoms *il* ou *on* sans référent
AUTR	Les noms sans référent concret

Tableau 3.2 – Classes sémantiques

Lors de l'annotation des marquables, tous les noms communs ont été marqués comme faisant partie de la classe AUTR ; seuls les noms propres pouvaient être affectés à une «vraie» classe sémantique. Au moment de l'annotation de la coréférence cependant, la classe sémantique du nom propre dans la chaîne est propagée aux noms communs qui lui sont coréférents ; au final donc toutes les expressions d'une même chaîne font partie de la même classe sémantique (*i.e* ont la même valeur pour l'attribut TYP).

Au sujet de l'ambiguïté entre classes sémantiques, nous avons choisi de ne pas en tenir compte. La raison en est qu'en contexte, elle est plutôt rare : on peut certes imaginer des cas où elle est possible, par exemples entre LIEU et ORG (« L'aéroport JFK embauche 135 000 personnes et occupe 20 km2 ») ou entre ORG et EV (« Le Festival d'Angoulême reçoit plus de 500 artistes et dure une semaine ») ; mais dans la grande majorité des cas, dans notre corpus, on peut facilement déterminer une et une seule classe pour un nom propre en contexte.

Nous avons également spécifié un attribut STX permettant de regrouper sous une même bannière des informations sur la catégorie et le contexte syntaxique de l'expression. Ses valeurs sont spécifiées dans le tableau 3.3 :

PPER	Pronom personnel sujet
PCLI	Pronom personnel objet (clitique objet)
PREL	Pronom relatif
PDEM	Pronom démonstratif (*Celui-ci*)
PPOS	Pronom possessif (*Le sien*)
PIND	Pronom indéfini (*L,un préfère rester, l'autre non*)
DDEF	GN défini (*L'entreprise*)
DIND	GN indéfini (*Une entreprise*)
DDEM	GN démonstratif (*Cette entreprise*)
DPOS	GN possessif (*Ses actionnaires*)
SDPR	GN sans déterminant précédé d'une préposition (*Projet de **société***)
SDVB	GN sans déterminant précédé d'un verbe (*il fut élu **député***)
SDAP	GN sans déterminant en apposition (*Le sénateur Dole, **leader** républicain*)
SDXX	Autres GN sans déterminant

Tableau 3.3 – Attributs STX

Enfin, un trait booléen NPR spécifie si l'expression est ou non un nom propre.

3.2.2 Annotation de la coréférence

L'annotation de la coréférence elle-même s'apparente à celle préconisée dans les consignes MUC : elle consiste simplement à donner une valeur commune pour un trait IDREF aux expressions coréférentes. Quant à savoir ce que l'on doit inclure dans le phénomèene de coréférence, nous avons opté pour les cas les moins problématiques : nous n'avons annoté que les coréférences affectant les noms propres. Ceci permet d'éviter des situations où il est difficile de déterminer clairement l'existence d'un lien de coréférence. Premièrement, nous n'aurons pas à traiter les anaphores liées (comme dans l'exemple 3.5), car les noms propres, tout comme les expressions qui leurs sont coréférentes, ne semblent pas pouvoir être précédées d'un quantificateur.

(3.5) Dans cette entreprise, chaque **employé** croit qu'**il** pourrait remplacer le patron.

Aussi, ceci élimine du traitement les cas où la relation entre deux expressions (3.6) semble plus être une équivalence de sens que de référence :

(3.6) (...) la Grande Bretagne a déjà exporté au total 3 **millions**$_1$ de **tonnes**$_2$ de **blé**$_3$, ce qui constitue probablement son plafond. C'est dans ce contexte qu'il faut placer la vente de 2 **millions**$_1$ de **tonnes**$_2$ de **blé tendre**$_3$ français à l'URSS. (monde1880)

Nous ne tenons pas compte des relations qu'on pourrait qualifier de «coréférence segmentée», comme celle qui existe entre une désignation collective et la désignation de chacune des entités qui la composent :

(3.7) Tenue au courant des négociations secrètes qui ont précédé l'accord signé à Alger le jeudi 31 août entre **la Libye** et **le Tchad**, la France se réjouit des perspectives de règlement du contentieux territorial entre **ces deux pays**. (monde9496)

Enfin, nous nous limitons, dans les constructions prédicatives, à annoter celles dont le verbe est *être*, conjugué au présent. La raison de ceci est que les temps passés ou futurs, tout comme les verbes autres que *être*, ne permettent pas d'établir un lien d'identité entre sujet et objet du verbe *être* aussi clair que pour le présent de l'indicatif, et que ce lien est une condition à l'existence d'une coréférence entre ces deux arguments du verbe.

Le corpus ainsi annoté comprend 14851 expressions au total, dont 3504 sont réparties dans 683 chaînes. Le tableau 3.4 montre la distribution des classes sémantiques dans les chaînes et dans l'ensemble de toutes les expressions dans tous les textes.

	% expressions	% chaînes
PERS	13,4	40,4
ORG	7,4	25,0
LIEU	7,4	30,5
PROD	1,1	2,9
EV	0,6	0,7
PHEN	0,0	0,1
TEMP	3,4	0,0
AUTR	65,0	0,0

Tableau 3.4 – Distribution des classes sémantiques

On retrouvera en annexe quelques extraits de textes comprenant des exemples d'occurrences d'expressions de ces catégories.

On ne sera pas étonné de constater que la classe AUTR soit fortement représentée dans les expressions, puisque par défaut c'est la classe affectée aux noms communs sans lien de coréférence avec un nom propre. Plus précisément : nous n'avons attribué une classe sémantique qu'aux expressions coréférentes avec un nom propre ; les autres expressions héritaient soit de la catégorie AUTR (par défaut), soit de la catégorie EXPL. Les expressions comme celles en (3.8), n'auront donc pas la valeur PERS pour l'attribut TYP, puisqu'elles ne sont pas coréférentes avec un nom propre :

(3.8) En février 1987, à Rome, le PCC avait également attaqué un fourgon blindé, tuant <u>deux policiers</u> et raflant 2 milliards de lires. (monde9017)

C'est ce qui explique d'ailleurs l'apparente différence de distribution des classes comme PERS ou ORG entre expressions et chaînes : cette divergence disparaît si on élimine du comptage les expressions de classe AUTR.

Chapitre 4

La coréférence en milieu naturel

En français et dans de nombreuses autres langues, la coréférence ne correspond à aucune marque linguistique, c'est-à-dire qu'il n'existe aucun mécanisme grammatical, comme par exemple une affixation ou une construction syntaxique particulière, qui permette de spécifier que deux expressions sont coréférentes. On peut néanmoins détecter des indices, constitués de certains phénomènes qui sont plus ou moins fortement corrélés à la coréférence ; ces indices, que l'on nomme ici *indicateurs de coréférence*, sont en fait des informations qui peuvent provenir de tous les niveaux de représentation d'un texte, de ceux qui sont par nature linguistique (morphologique, syntaxique, sémantique ou pragmatique) jusqu'à ceux qui touchent des aspects plus stylistiques (subdivisions en sections ou paragraphes), voire typographiques.

Pratiquement tous les systèmes de résolution de la coréférence se basent sur ces indicateurs, qu'ils les utilisent dans des règles ou les associent à un indice de probabilité. Notre objectif dans cette section est de faire l'inventaire de quelques-uns d'entre eux, soit ceux qui sont disponibles à partir de l'annotation effectuée sur notre corpus, et aussi d'en donner une description quantitative suffisante pour juger de leur éventuelle utilité dans un système de résolution. Mais d'abord, voyons un peu comment sont constituées les chaînes de coréférence dans notre corpus.

4.1 Composition des chaînes de coréférence

Nous avons en premier lieu compté la distribution de l'attribut TYP dans l'ensemble des chaînes de coréférence ; la première valeur est le pourcentage d'expressions pour chaque classe sémantique, la seconde est le pourcentage de chaînes de chaque classe :

	% expressions	% chaînes
PERS	49,0	40,4
ORG	27,4	25,0
LIEU	22,5	30,5
PROD	2,9	2,9
EV	0,4	0,7
PHEN	0,3	0,1
TEMP	0,0	0,0
AUTR	0,0	0,0

Tableau 4.1 – Composition des chaînes de coréférence - Attribut TYP

Notons que seules les expressions faisant partie de chaînes sont considérées dans la première colonne, contrairement à le tableau 3.4 à la fin du chapitre précédent : les noms propres sans coréférents ne sont pas inclus dans le comptage. Aussi, pour la deuxième colonne, on se souviendra que même si le trait TYP est annoté pour chaque expression, il a toujours la même valeur pour les expressions dans une même chaîne ; on peut donc l'utiliser pour classer ces dernières.

Ce qu'on remarque, c'est que la quasi-totalité (96%) des chaînes font partie des catégories PERS, ORG et LIEU ; les cinq autres classes sémantiques comptent pour seulement 29 chaînes sur les 683.

En ce qui concerne l'attribut STX, puisque nous avons annoté toutes les expressions des textes, qu'elles fassent partie ou non d'une chaîne de coréférence, on peut comparer deux distributions. La question, à la base, est de savoir dans quelle proportion chacune des catégories, correspondant aux étiquettes STX mentionnées au chapitre précédent, se retrouvent dans les chaînes annotées, et de comparer cette distribution à celle des catégories dans l'ensemble du texte. L'hypothèse nulle est qu'il n'y a aucune différence, pour une une catégorie donnée - par exemple les SN définis, correspondant à l'étiquette DDEF - entre sa proportion dans les chaînes de coréférence et celle dans l'ensemble du texte. Nous avons donc extrait toutes les expressions de notre corpus et avons calculé leur nombre dans chaque catégorie, en prenant bien soin de distinguer les expressions faisant partie d'une chaîne des autres expressions. On notera également que les noms propres sont exclus de ce comptage. On obtient le tableau suivant :

	Dans chaînes (%)	Dans texte (%)
DDEF	29,5	43,8
SDXX	2,6	13,7
SDPR	0,3	10,1
PPER	26,3	6,1
PCLI	14,9	6,1
PREL	8,9	5,6
SDAP	4,5	3,9
SDVB	0,7	3,8
DIND	3,9	3,4
DDEM	2,3	1,3
PIND	1,0	1,1
PDEM	2,0	0,5
DPOS	3,2	0,5
PPOS	0,1	0,2
QNT	0,0	0,1

Tableau 4.2 – Composition des chaînes de coréférence - Attribut STX

La première colonne montre la proportion de chaque catégorie dans l'ensemble des chaînes annotées, et la seconde colonne leur proportion dans l'ensemble du texte. On constate en premier lieu que des différences existent pour la plupart des catégories ; cependant certaines sont très marquées. Tout d'abord, la fréquence relativement faible des catégories SDPR, SDXX et SDVB dans les chaînes montre que les expressions non déterminées, à l'exception de celles qui font partie d'appositions (SDAP), sont rares dans les chaînes de coréférence ; ceci correspond aux intuitions formulées au chapitre

2 (2.3.4). Étonnamment, on remarque aussi que s'il n'existe pas de différence notable pour les expressions indéfinies (DIND), les expressions définies, quant à elles, ont une distribution moins élevée dans les chaînes que dans l'ensemble des textes. Donc, même si le SN défini est la catégorie que l'on retrouve le plus souvent dans les chaînes de coréférence, on ne peut pas dire qu'elle soit caractéristique de ces dernières. Ce serait plutôt le cas des pronoms qui, sans surprise, sont en plus grande proportion dans les chaînes qu'hors de celles-ci. On peut s'étonner de les retrouver ailleurs que dans les chaînes de coréférence que nous avons annotées : cependant ceci est simplement dû au fait que nous n'avons pas tenu compte des chaînes lorsque celles-ci ne contenaient aucun nom propre.

Dans la section qui suit nous nous pencherons sur les propriétés mesurables de la coréférence au niveau le plus élémentaire du texte, que nous nommons niveau typographique puisqu'il s'appuie sur des mesures de distance ou de similarité se basant sur les chaînes de caractères.

4.2 Typographie

Il semble qu'on puisse corréler la coréférence entre deux expressions avec des mesures relativement simples sur les chaînes de caractères qui les composent. Ces mesures touchent la distance qui sépare deux expressions, et aussi leur similarité typographique.

En ce qui concerne la distance, on note que les pronoms sont généralement plus près de leur antécédent que les expressions nominales, si l'on considère l'antécédent d'une expression comme celle qui la précède immédiatement dans la chaîne de coréférence :

(4.1) C'est ainsi qu'en juillet, **il**$_1$ [Brejnev] va voir, à Yalta, **Chelest**$_2$, le **premier secrétaire d'Ukraine**$_2$: «La conversation porta sur **Khrouchtchev**$_3$, rapporte **ce dernier**$_2$. **Brejnev**$_1$ ne se contenta pas de **me**$_2$ convaincre de **le**$_3$ soutenir. **Il**$_1$ versait des larmes. Il y avait dans son comportement un fort côté artiste.» Artiste, pour ne pas dire comédien, mais ça marche : **Chelest**$_2$ admet aujourd'hui qu'**il**$_2$ a «participé» au complot, et **il**$_2$ en sera récompensé séance tenante par un siège de titulaire au bureau politique. (monde5117)

Pour cet extrait nous avons calculé, pour chaque nom propre, nom commun ou pronom, la distance (en caractères) qui le sépare de l'expression coréférente qui le précède immédiatement, s'il y en a une. Ensuite, nous avons fait la moyenne de ces distances pour chaque catégorie. Les valeurs obtenues sont reportées dans le tableau 4.3.

nom propre	nom commun	pronom
144	45	28

Tableau 4.3 – Distance typographique moyenne par catégorie

Évidemment, ce n'est ici qu'un bref exemple ; dans la section suivante nous recherchons ces informations sur un plus grand nombre de textes, et en utilisant différentes façons de mesurer (en comptant non seulement les caractères, mais aussi les mots, phrases ou paragraphes), pour déterminer plus clairement s'il existe un rapport entre le fait que deux expressions soient coréférentes et la distance qui les sépare. Mais ce rapport semble exister.

En ce qui concerne la similarité, elle découle naturellement du fait que deux expressions coréférentes partagent éventuellement certains mots, comme nous l'avons vu plus haut, que ce soit parce qu'un nom propre peut avoir plusieurs variantes (*Bill Clinton, Le président Clinton, Mr Clinton*), ou encore parce que deux descriptions définies ont les mêmes modifieurs ou les mêmes têtes de syntagmes (cf. section 4.2.2). Il va sans dire que la similarité ne risque pas d'être très forte entre deux expressions coréférentes lorsqu'une de celles-ci est un pronom.

4.2.1 Distance linéaire

Nous avons, un peu plus haut, avancé l'hypothèse que les pronoms sont généralement plus près de leur antécédent que les autres expressions nominales. Notre objectif est ici de vérifier cette assertion. Une question demeure, cependant : dans une chaîne de coréférence, quel est l'antécédent d'une expression donnée ? Est-ce le premier élément de la chaîne, le nom propre le plus proche ? Schnedecker (1997) montre, et c'est ce qui est à l'origine de sa manière de représenter les chaînes de coréférence, que les noms propres, les SN pleins et les pronoms n'ont pas la même importance en ce qui a trait à leur capacité à ancrer les référents dans le discours : les noms propres forment un meilleur ancrage que les noms communs, et les noms communs sont quant à eux de meilleurs ancrages que les pronoms. Ces faits trouvent un écho dans les travaux sur l'accessibilité de Ariel (1988).

Il semble naturel que cette capacité à ancrer les référents dans le discours, pour une expression nominale, soit apparentée à celle d'être un antécédent. On peut donc avancer à ce compte que les noms propres font de meilleurs antécédents que les noms communs, qui à leur tour sont de meilleurs antécédents que les pronoms. Conformément à cette hypothèse et à celle que les pronoms sont plus près de leur antécédent que les autres catégories, on peut prédire, entre autres, que la distance entre un nom propre et un pronom, par exemple, sera généralement plus courte que celle entre deux noms communs.

Pour vérifier cette prédiction il suffit de calculer les distances moyennes entre les éléments successifs d'une chaîne de coréférence en fonction de la catégorie de ses éléments. Par exemple, pour la chaîne $C = e_1 \ldots e_2 \ldots e_3$ on doit calculer les distances $d_{e_1 e_2}$ et $d_{e_2 e_3}$, mais pas $d_{e_1 e_3}$. Aussi nous avons classé les expressions nominales faisant partie d'une chaîne en trois catégories (nom propre, nom commun et pronom), puisque nous ce qui nous intéresse c'est de calculer les distances moyennes en fonction des catégories des maillons. On a donc neuf combinaisons possibles :

- NPR-NPR
- NPR-NCOM
- NPR-PRON
- NCOM-NPR
- NCOM-NCOM
- NCOM-PRON
- PRON-NPR
- PRON-NCOM
- PRON-PRON

Par ailleurs, nous avons calculé la distance de trois façons : en nombre de caractères séparant les deux expressions, en nombre de mots, et en nombre de phrases (avec une valeur de 0 lorsque les deux maillons sont dans la même phrase). Les résultats sont rapportés dans le tableau 4.4, où la première colonne donne le nombre d'instances de chaque type d'intervalle.

Une des premières choses que l'on remarque dans ce tableau est que l'unité de mesure n'a aucune réelle importance. Ici nous avons ordonné les distances

	n	caract.	mots	phrases
NPR-NPR	831	818,5	147,4	5,0
PRON-NPR	219	529,9	96,0	3,4
NCOM-NPR	324	339,3	60,7	1,9
NCOM-NCOM	131	320,4	14,5	1,9
NPR-NCOM	364	247,6	44,5	1,5
PRON-NCOM	124	202,3	37,0	1,4
PRON-PRON	343	82,6	15,9	0,6
NCOM-PRON	163	80,8	14,8	0,4
NPR-PRON	322	59,3	11,0	0,4

Tableau 4.4 – Moyennes des distances inter-maillons

par ordre décroissant, et peu importe l'unité de mesure choisie (caractères, mots ou phrases), on obtient le même ordre. Cela indique que la distorsion qui pourrait exister entre ces mesures, du fait de la variation de taille des mots et des phrases, est insignifiante[1].

Aussi, ces résultats sont plutôt conformes aux prédictions qui découlent de nos hypothèses : les plus grandes distances inter-maillons se trouvent entre les paires de noms propres, et les plus courtes entre les paires nom propre - pronom. De façon générale, on remarque que les intervalles entre éléments d'une chaîne dont le second élément (la reprise) est un nom propre sont beaucoup plus importants que ceux dont le second élément est un pronom.

On pourrait cependant avancer que la moyenne est un indicateur qui manque de fiabilité dans ce cas-ci. En effet, on constate que les écarts-types de ces distances sont généralement très élevés ; la tendance centrale, que la moyenne vise à situer, n'est manifestement pas très prononcée ici, comme on le voit dans le tableau 4.5.

---
[1]Évidemment, le fait d'avoir sélectionné, pour constituer le corpus, un ensemble de textes à peu près homogène du point de vue du nombre de mots moyen par texte et par phrase aurait certainement pour effet d'atténuer une telle distorsion des mesures, si elle existait.

	caract.	mots	phrases
NPR-NPR	814,1	147,5	5,3
PRON-NPR	617,7	112,4	3,9
NCOM-NPR	546,5	97,2	3,2
NCOM-NCOM	468,1	84,3	2,9
NPR-NCOM	470,2	84,6	3,3
PRON-NCOM	281,0	50,1	1,8
PRON-PRON	91,9	17,0	0,8
NCOM-PRON	102,7	19,2	0,7
NPR-PRON	136,2	25,1	1,1

Tableau 4.5 – Écarts-types des distances inter-maillons

Afin d'avoir une idée plus précise des données, nous avons défini un ordre pour les paires selon la distance en mots des deux expressions qui la composent. Les paires sont projetées sur un plan, l'abscisse représentant leur rang dans cet ordre par percentile, et l'ordonnée la moyenne de la distance entre les paires d'expressions pour ce percentile. Nous avons aussi généré des données correspondant à une distribution aléatoire des mots dans des chaînes de coréférence : dans un texte fictif de 900 mots, on constitue 20 chaînes de coréférence dont chacune est composée de 11 mots choisis au hasard, en tenant compte du fait qu'un mot ne peut pas faire partie de plus d'une chaîne. On se retrouve donc avec 20 fois 10 intervalles, dont les valeurs correspondent à la courbe médiane (en gras) dans le graphique 4.1.

Ces courbes s'interprètent de la façon suivante : plus leur pente croît de manière abrupte, plus rares sont les grandes distances entre maillons. Ainsi un segment de la courbe à très faible pente caractérise un ensemble d'intervalles de distance à peu près égale ; au contraire, une pente qui augmente de façon régulière dénote une grande variation dans les distance entre maillons. On pourrait croire qu'une variation de ce type devrait donner une droite de pente positive ; mais il faut tenir compte du fait que les distances sont calculées entre deux expressions dans un texte, et que plus la première expression d'une paire est éloignée du début du texte, plus la probabilité d'une grande distance avec le maillon qui la suit diminue. Par exemple, pour un texte de 500 mots,

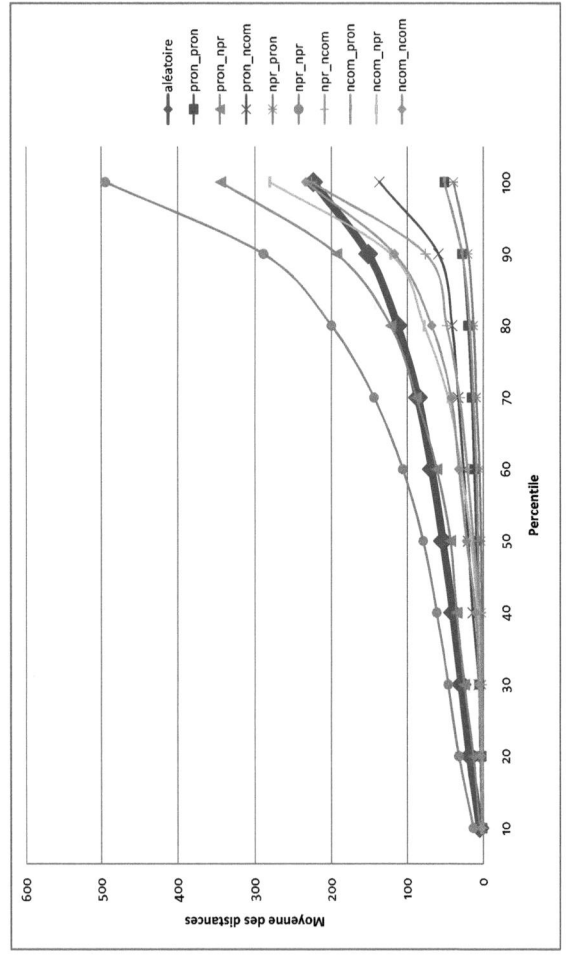

Figure 4.1 – Moyenne des distances inter-maillons par percentile

si nous avons une chaîne dont le premier élément est le premier mot du texte, il est possible en théorie d'avoir une distance de 500 mots entre le premier et le second élément de la chaîne ; si par contre cette chaîne commence au milieu du texte, la distance maximale possible entre deux maillons ne pourra pas dépasser 250. La forme des courbes obtenues dans le graphique reflète cette diminution de la distance possible entre deux maillons à mesure que le premier maillon se trouve «loin» dans le texte. La hauteur relative d'une courbe, quant à elle, dénote des distances plus élevées entre les expressions adjacentes dans les chaînes qu'une courbe basse.

On constate que la plupart des courbes se trouvent généralement sous celle qui correspond à une distribution aléatoire, à l'exception de celle des paires de noms propres. Aussi, les trois courbes les plus hautes sont celles dont le deuxième élément est un nom propre, et les trois courbes les plus basses, celles dont le deuxième élément est un pronom.

Les intervalles NPR-PRON, NCOM-PRON et PRON-PRON sont plus rapprochées que ce que nous donne une distribution aléatoire ; ceci n'est pas étonnant, puisqu'il semble aller de soi qu'un pronom se trouve assez proche de son antécédent. Par contre, c'est celles des intervalles NPR-NPR qui surprend : elles se distinguent clairement de celles de nos chaînes «artificielles». Cela signifie que la distance entre deux noms propres adjacents dans une chaîne de coréférence n'est pas simplement déterminée par le hasard ; le fait qu'elle soit relativement grande, comparée aux autres intervalles, n'est pas arbitraire. Il semble donc que non seulement il existe une préférence pour les noms communs ou les pronoms lorsque les reprises se font sur de courtes distances, mais aussi qu'on ait tendance à exclure les noms propres dans ces contextes.

4.2.2 Similarité

Pour certaines paires d'expressions, leur similarité pourrait être considérée comme un indice de leur coréférence ; on remarque en effet qu'il est plutôt fréquent que les paires d'expressions non-pronominales coréférentes se ressemblent :

Deux noms propres :   *M. Rondot* ; *Patrice Rondot*
Deux noms communs :   *Le député européen* ; *Le député*
Nom propre, nom commun :   *Le général Rondot* ; *le général*

Entre deux pronoms, les choses sont moins claires : certes, entre deux occurrences de *il*, la similarité est totale, mais elle est complètement indépendante du lien de coréférence qui pourrait exister entre les deux. Au fond, ce que nous constatons est que la similarité n'est qu'indirectement un indice de coréférence ; en réalité c'est la proximité sémantique entre deux expressions qui rend possible l'existence d'une coréférence : les expressions *Le député européen* et *Le député* dénotent toutes les deux des entités de même nature. La ressemblance entre les deux groupes de mots qui forment les expressions n'est que la manifestation en surface de cette proximité. La similarité de surface entre deux pronoms, quant à elle, ne donne pas suffisamment d'informations sur la nature de leurs référents pour qu'on puisse l'utiliser comme indicateur de coréférence.

Ceci demeure cependant une intuition qui demande à être vérifiée, puisqu'il est assez facile d'imaginer des contre-exemples. Dans les expressions nominales, les têtes (4.2) comme les modifieurs (4.3) peuvent être semblables entre deux expressions de référence disjointe, ou encore au contraire, varier entre deux expressions coréférentes (4.4, 4.5), sans compter les cas où les deux expressions nominales sont entièrement différentes (4.6) :

(4.2) Parmi les nouveaux soutiens apportés à Mr Chirac figurent ceux de **MM Dugoin$_1$, député de l'Essonne$_1$**, et **Lipkowski$_2$, député de la Charente-maritime$_2$**. (monde966)

(4.3) D'une part, **la perestroika soviétique** et les réformes tant en Hongrie qu'en Pologne ne peuvent que renforcer les liens commerciaux (...) Selon **le ministre soviétique** des machines-outils, Mr Nikolai Paritschev, à la foire de Hanovre, les achats à la RFA en 1988 ont représenté à eux seuls environ 12% du total des exportations (...) (monde6014)

(4.4) (...) la gestion publicitaire était confiée à une filiale de Fininvest, Publiespana, tandis que la production de programmes revenait à une autre société contrôlée par **l'homme d'affaires italien**, Videotime. Autant de décisions qui donnent à penser que **le magnat italien** confond ses propres intérêts avec ceux de Gestavision (monde1135)

(4.5) Les Khmers rouges ont annoncé, dimanche 7 janvier, avoir attaqué Battambang, **la deuxième ville** du Cambodge. Phnom Penh a attendu lundi pour démentir ces attaques, mais diverses sources confirment que **la principale ville** de l'ouest cambodgien a, effectivement, été l'objet d'opérations de commandos (monde1745)

(4.6) L'agence soviétique a employé une formule inhabituelle en indiquant que **le chef du Kremlin** était arrivé dans «la République fraternelle de la Baltique» (...) La marge de manoeuvre du **secrétaire général du Parti communiste soviétique** est des plus étroites (...) (monde1220)

Il existe plusieurs manières de mesurer la similarité entre deux expressions : on peut comparer leur contenu lexical ou encore carrément calculer un indice de ressemblance entre les deux chaînes de caractères qui les composent. Une mesure fréquemment utilisée à cette dernière fin est la distance de Levenshtein (Strube et al. (2002)) (aussi appelée *minimal edit distance*), qui caractérise en fait la différence entre deux chaînes. Elle se définit comme le nombre minimal de caractères à modifier pour transformer une chaîne en l'autre. On a donc une valeur de 0 lorsque les deux expressions sont identiques, et plus elles sont différentes, plus leur distance est élevée. La taille des chaînes de caractères a aussi un impact sur l'indice : pour deux chaînes complètement différentes, plus elles sont longues et plus la distance sera grande entre les deux ; par exemple la distance entre *aaa* et *bbb* est de 3 alors que celle entre *aaaaa* et *bbbbb* est de 5.

Distance de Levenshtein

Strube et al. (2002) présente un système de résolution de la coréférence pour l'allemand où l'utilisation d'une telle mesure de distance permet d'améliorer les résultats pour les noms propres et les expressions nominales définies. Plus précisément, elle contribue à une importante augmentation du rappel pour ces dernières catégories, au dépens toutefois d'une baisse de précision notable (18%) pour les noms communs définis.

Notre objectif est ici de déterminer si l'on peut s'attendre à des résultats semblables pour le français. Conformément aux résultats de Strube et al. (2002), on fera l'hypothèse que cet indice de distance est plus fiable pour les noms propres que pour les noms communs, et inutilisable pour les pronoms. Afin de vérifier si c'est le cas, nous avons calculé la valeur de cet indice pour un certain nombre de paires d'expressions extraites des textes du corpus : nous avons 1656 paires de noms propres, 260 paires de noms communs, et, comme il est possible dans notre annotation que les noms propres et les noms communs partagent certains lexèmes, 1376 paires constituées d'un nom propre et d'un nom commun.

Ces paires sont sélectionnées comme suit : pour toutes les chaînes de coréférence, nous avons extrait les expressions adjacentes dans une même chaîne, y compris les pronoms ; par exemple, pour la chaîne suivante :

$$a_N Pr \ldots b_N Com \ldots c_N Pr \ldots d_{pron} \ldots e_N Pr$$

on aurait les paires {a,b}, {b,c}, {c,d} et {d,e}, soit deux paires NPR-NCOM et deux paires NPR-PRON (l'ordre des éléments n'a pas d'importance). Ces paires constituent l'ensemble des cas positifs.

Les cas négatifs sont un nombre égal de paires constituées d'expressions choisies au hasard dans le même texte, ceci pour chaque type de paires. Par exemple, si les cas positifs comprennent 100 paires NCOM-NCOM, on en constituera autant à partir de noms communs pris aléatoirement dans le texte. Les graphiques 4.2, 4.3 et 4.4 illustrent, pour les trois types de paires choisies, le nombre de paires positives et négatives pour chaque indice de distance de Levenshtein.

Nous cherchons à déterminer s'il existe une valeur à partir de laquelle cette distance peut être un indice utile. Dans le cas des paires noms propres (4.2), on remarque que la très grande majorité des paires positives ont un indice de zéro, *i.e.* elles sont constituées d'expressions identiques ; dans les cas qui restent, c'est à partir d'un indice de 5 que les paires négatives deviennent plus nombreuses que les positives. Pour les paires de noms communs (4.3), les écarts sont nettement moins prononcés, mais les paires positives demeurent quand mêmes plus fréquentes jusqu'à une distance de 7. En ce qui concerne les paires mixtes (4.4), on constate que les deux courbes demeurent très proches, ce qui signifie qu'il n'y aucune différence majeure dans leurs distributions respectives.

Que peut-on conclure de ceci ? Dans les paires de noms propres, le grand nombre de cas où il y a identité entre les expressions n'est pas spécialement utile : on se doute bien que deux noms propres identiques désignent la même

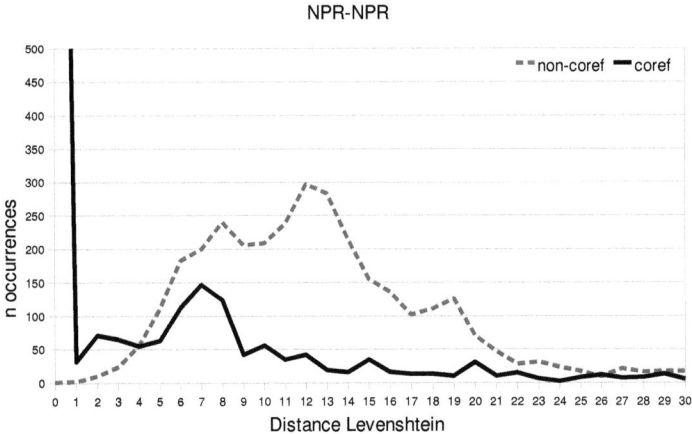

Figure 4.2 – Similarité des paires de noms propres

entité, et par ailleurs, si l'on désire tout de même utiliser cette information, on n'a pas besoin de calculer l'indice de Levenshtein pour déterminer que deux noms propres sont semblables. On note, pour les paires de noms propres et les paires de noms communs, qu'il existe effectivement une tendance à ce que celles qui sont coréférentes se ressemblent ; cependant il est difficile de considérer comme une sorte de seuil ces valeurs (5 pour les noms propres, 7 pour les noms communs) où cette tendance commence à se manifester. Les profils «en dents de scie» des courbes représentées traduisent le fait que la similarité typographique dépend de facteurs dont la variation peut être très prononcée sans être vraiment significative du point de vue de la coréférence, notamment, comme nous l'avons mentionné plus haut, le nombre de caractères des expressions. Il semble donc qu'une mesure de similarité fondée sur des caractéristiques moins soumises à la variation, ou à tout le moins, où cette variation est moins prononcée, nous serait plus utile.

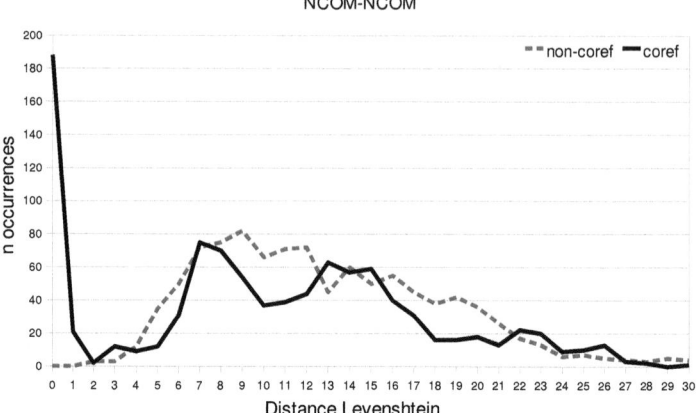

Figure 4.3 – Similarité des paires de noms communs

Lexèmes communs

Cela peut sembler être une évidence, mais les expressions coréférentes se ressemblent souvent, du point de vue des mots qui les composent. On trouve évidemment des cas où les expressions coréférentes sont exactement semblables :

(4.7) Cette acquisition devrait permettre à **Michelin** de disputer à l'américain Goodyear son rang de numéro un mondial du pneumatique. En 1988, **le groupe français** a réalisé un chiffre d'affaires de 51,8 milliards de francs, contre 65,5 milliards pour Goodyear. En s'arrogeant Uniroyal-Goodrich, Michelin pèsera désormais quelque 70 milliards de francs. (...) L'acquisition par Michelin de Uniroyal-Goodrich devrait ouvrir au **groupe français** la porte du marché des marques «privées» (monde7005)

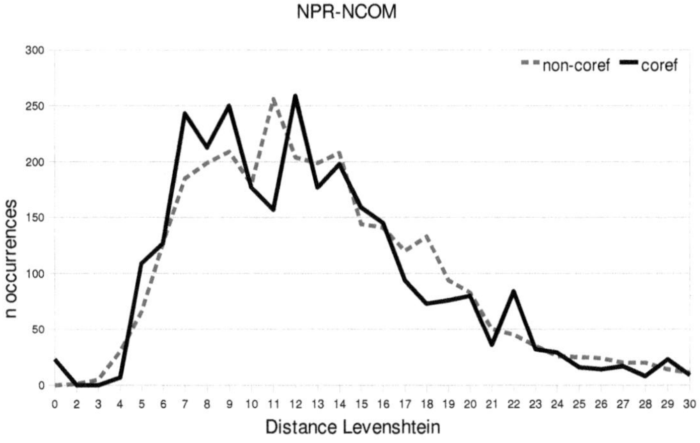

NPR-NCOM

Figure 4.4 – Similarité des paires mixtes

Souvent cependant elles ne partagent qu'un sous-ensemble des mots qui les constituent. Ce peut être la tête du syntagme (*le ministre de l'économie - le ministre*) ou encore un modifieur (*le leader roumain - le président roumain*). On remarquera que la coréférence entre deux expressions ayant des mots en commun dépend en quelque sorte des mots qui sont différents entre elles : en d'autres termes, lorsque deux SN ont la même tête, certains modifieurs semblent exclure qu'elles soient coréférentes. Par exemple, rien n'empêche que soient coréférentes les expressions *entreprise allemande* et *entreprise informatique* dans un texte qui parle, par exemple, de *Siemens* ; par contre on peut difficilement imaginer un contexte plausible où *président roumain* et *président français* auraient la même référence. De la même manière, lorsque deux SN ont un modifieur semblable, ce sont les têtes de syntagmes qui peuvent empêcher la coréférence : *président roumain* et *numéro un roumain* pourront fort bien référer à la même personne, mais pas *président roumain* et *ministre roumain*. On peut décrire ce phénomène comme une sorte de compatibilité entre les têtes ou les modifieurs des syntagmes ; cependant il faut comprendre que, même si on en trouve les effets dans la langue, cette compatibilité n'a a priori rien de linguistique : ce n'est en effet pas le propre de la langue française d'empêcher que quelque'un soit à la fois chef de l'État français et roumain, ou à la fois ministre et président. Têtes nominales et modifieurs permettent de classifier les entités qu'ils dénotent, de les associer à une catégorie d'existants, et là s'arrête leur rôle.

Nous nous baserons ici sur le nombre de mots communs uniquement. Nous formulons l'hypothèse que les noms et les modifieurs communs peuvent constituer un indice fiable de coréférence. Maintenant, la compatibilité entre les expressions, qui impose des contraintes sur la coréférence, est déterminée par l'interprétation de celle-ci, qui découle des classifieurs (noms et modifieurs) utilisés. Puisque nous croyons que les noms constituent des classifieurs plus «forts» que les adjectifs, on s'attend à ce que les premiers soient un meilleur indice que les seconds.

Notre méthode est similaire à celle utilisée pour la distance de Levenshtein : dans les chaînes de coréférence, nous prenons toutes les paires possibles de noms propres, noms communs et mixtes, et ignorons celles qui contiennent des pronoms. Les instances négatives sont constituées de paires de ce même type choisies au hasard dans le corpus. Pour toutes ces paires, nous déterminons trois choses : d'abord, le nombre de mots (de n'importe quel type) qu'elles ont en commun ; ensuite, si elles ont le même nom en tête de syntagme ; et enfin, si elles ont des modifieurs en commun.

Les résultats obtenus, en ce qui concerne le nombre de mots en communs, sont regroupés dans le tableau 4.6 : pour les paires de noms propres, on remarque tout de suite une chose : les paires n'ayant aucun mot en commun sont presque toujours de référence disjointe (2555/2777, soit 92%), et celles qui ont au moins un mot en commun sont souvent coréférentes (3107/3881, soit 80%). La tendance est similaire, quoique beaucoup moins marquée, pour les paires de noms communs, et totalement absente pour les paires mixtes.

Du côté des têtes de syntagmes et des modifieurs, les résultats sont reportés dans le tableau 4.7.

	NPR-NPR		NPR-NCOM		NCOM-NCOM		
n	~coref	coref	~coref	coref	~coref	coref	total
0	2555	222	2318	2226	716	454	8491
1	700	1412	557	532	290	329	3820
2	60	1300	34	125	1	181	1710
3	5	307	3	20	0	33	368
4	6	63	2	6	0	4	81
5	2	7	0	0	0	0	9

Tableau 4.6 – Nombre de paires ayant n mots communs

	NPR-NPR		NPR-NCOM		NCOM-NCOM		
même tête	~coref	coref	~coref	coref	~coref	coref	total
oui	7	2484	1	114	3	254	2863
non	3322	845	2913	2800	1004	753	11637

Tableau 4.7 – Nombre de paires ayant la même tête syntaxique

Globalement, ces données vont de le sens de notre hypothèse : le fait que deux expressions aient des mots en commun est plus susceptible de se produire lorsqu'elles sont coréférentes. Par contre cela semble être le cas seulement pour les paires qui contiennent deux noms propres ou deux noms communs : les paires mixtes ne montrent pas du tout cette dépendance. On trouve une piste d'explication lorsqu'on se penche sur les données de le tableau 4.7 : on constate que les paires NPR-NCOM ayant la même tête syntaxique ou un modifieur en commun sont assez rares, qu'elles soient prises au sein d'une même chaîne de coréférence ou au hasard dans le texte. Ce qui veut dire que les cas doivent être assez nombreux où les mots communs, dans le tableau 4.6, sont des déterminants.

	NPR-NPR		NPR-NCOM		NCOM-NCOM		
même mod.	~coref	coref	~coref	coref	~coref	coref	total
oui	216	1227	195	241	143	283	2305
non	3113	2102	2719	2673	864	724	12195

Tableau 4.8 – Nombre de paires ayant un modifieur en commun

Au sujet des données de le tableau 4.7 donc, si le fait d'avoir la même tête de syntagme est un cas assez peu fréquent, il constitue quand même un indice fort de coréférence : c'est donc un indicateur à forte précision. Par contre, deux expressions dont la tête est différente n'auront pas aussi certainement une référence différente, du moins en ce qui a trait aux paires NPR NCOM et NCOM NCOM. Pour les expressions qui contiennent les mêmes modifieurs, on retrouve la même tendance, mais elle semble trop faible dans les paires NPR NCOM pour être vraiment significative.

En fin de compte, on se retrouve un peu avec le même problème que dans la section 4.2.2, soit des tendances assez faiblement marquées sauf pour les paires de noms propres. Nous avons, tout de même, vu que la présence d'un même mot en tête de syntagme de deux expressions correspond presque toujours au fait qu'elles soient coréférentes ; cependant, les expressions de même tête ne forment qu'une petite partie de tous les cas de coréférence.

4.2.3 Morphologie

L'accord morphologique, en français, semble être le seul moyen réellement grammatical de spécifier la coréférence. Les expressions coréférentes sont en effet généralement marquées pour les mêmes traits de genre et de nombre :

(4.8) **Le mouvement gaulliste** apparaît incapable aujourd'hui de tracer un nouvel objectif, c'est-à-dire une ambition collective à proposer aux Français. Certes, **ce phénomène**$_a$ n'est pas particulier au RPR. L'ensemble de **la classe politique**$_b$ a recréé un système clos dans lequel **elle**$_b$ se complaît et dont se détournent globalement les

Français. Mais il$_a$ nous atteint plus que d'autres, parce que l'idée de la France dont nous étions les porteurs est, elle, toujours vivace. (monde1354)

Ceci dit les marques morphologiques, comme on le voit dans l'exemple, si elles permettent d'éliminer certains candidats, ne désignent pas un seul antécédent de façon non-équivoque : *la classe politique* n'est certainement pas un antécédent possible du pronom *il*, mais l'expression *un système clos*, même en ayant les mêmes marques de genre et de nombre, ne lui est pas coréférent non plus : d'autres raisons doivent expliquer que le choix s'arrête sur *ce phénomène*. On doit donc plus les envisager comme une contrainte sur les candidats-antécédents que comme un marqueur de coréférence en tant que tel.

On remarquera aussi que les traits de genre, s'ils sont marqués pour les pronoms et certains noms communs, ne le sont pas, a priori, pour les noms propres. En effet le seul moyen de savoir que le nom propre *Dominique de Villepin* est masculin[2] repose sur le fait qu'il désigne un homme, et non une femme. Et dans les cas où le genre d'une expression ne peut pas correspondre au sexe d'un individu, il devient complètement conventionnel : *la France* est féminin, *le Pérou* masculin, etc. Dans le cas des noms propres d'entreprise ou de regroupements par contre, on a souvent la possibilité d'échapper à cet arbitraire : plusieurs d'entre eux consistent en effet en une expression qui pourrait très bien être une description définie tout ce qu'il y a de plus normale, mais qui se trouve à être la désignation unique (que l'on reconnaît dans un texte écrit par la présence de majuscules) de l'entreprise ou du regroupement : *la Compagnie Industrielle, le Parti Communiste, la Société Générale*. Ces noms propres héritent du genre de leur équivalent «non-propre», *la Compagnie Industrielle*, par exemple, est féminin. Ceci, cependant, ne veut pas dire que toutes les désignations possibles pour désigner cette entreprise le seront...

(4.9) Il a vu l'accession au pouvoir du **Parti national** (PN) qui a dirigé le pays sans partage pendant quarante et un ans. A neuf reprises, au cours de cette période, **cette formation** a remporté les consultations électorales. (monde9070)

---

[2]Dans la mesure où l'accord de genre avec ce nom propre sera masculin : on ne peut pas vraiment affirmer que les noms propres ont un genre grammatical.

Nous n'avons toutefois trouvé aucun exemple où, dans un même ensemble d'expressions coréférentes, ce sont les pronoms qui varient quant à leur genre : il semble donc que ce ne soient que les nominaux qui soient touchés par ce phénomène. Par ailleurs, on remarquera que la marque morphologique du nombre est beaucoup moins soumise à ce type de variation ; du moins les cas sont-ils considérablement moins nombreux. Les quelques exemples que nous avons trouvés sont tous caractérisés soit par une alternance entre noms pluriels et noms collectifs singuliers (4.10) ou encore entre des noms propres équivalents (4.11) :

(4.10) A l'aube des années 90, **la population effective** est inférieure à 100 000 (...). D'immenses avenues rectilignes ont été tracées sur un site qui devait accueillir ministères et ambassades. Avec 10 578 points d'éclairage public, Yamoussoukro dépasse Abidjan, l'orgueilleuse métropole dont **les habitants** ne disposent, pour leurs déplacements nocturnes, que de 8 640 lampadaires. (monde1976)

(4.11) En dépit de l'opposition du Royaume-Uni, **les Douze** poursuivent méthodiquement leur cheminement vers l'union économique et monétaire. (...) vendredi, lors d'une réunion que les ministres des finances de **la CEE** ont tenu au cap d'Antibes, ses partisans ont eu le sentiment que le rapport de forces au sein de **la CEE** avait évolué dans un sens qui leur était plutôt favorable (monde8431)

On suppose donc que les marques morphologiques expriment une contrainte sur les antécédents possibles, et que les cas où elle ne s'applique pas sont rares. Nous avons vu que ces marques sont le plus souvent absentes des noms propres, et que le genre grammatical chez ces derniers est la plupart du temps, d'un point de vue purement grammatical, arbitraire - il ne correspond pas à la forme du mot, à l'exception des noms d'entreprises ou d'organisations qui sont souvent constituées de noms communs. Nous voulons donc, tout d'abord, quantifier deux choses : premièrement, le nombre global de cas où ces contraintes ne s'appliquent pas ; ensuite, la différence qui existe dans le respect de ces contraintes selon la classe sémantique des expressions concernées. On veut ensuite vérifier si les variations de genre ou de nombre sont effectivement plus rares entre pronoms successifs qu'entre d'autres types de nominaux, et aussi, enfin, dans quelle mesure les variations de nombre sont de moindre ampleur que les variations de genre.

Pour ce faire, nous avons constitué un ensemble des paires d'expressions successives dans une même chaîne de coréférence ; par exemple, pour la chaîne

$$a \ldots b \ldots c \ldots d$$

les paires extraites sont $\{(a,b),(b,c),(c,d)\}$. Pour chacune de ces paires nous avons comparé les valeurs de leur traits de genre et de nombre. Ces derniers peuvent avoir, dans l'annotation automatique de TILT, des valeurs mixtes (M/F ou S/P), ou encore *None* ou *?*. Les valeurs mixtes se retrouvent dans les expressions ayant un genre ou un nombre qui varie selon le contexte, et dont on ne retrouve pas de manifestation dans la morphologie de l'occurrence en question (comme par exemple le genre dans *les Bulgares*) ; *None* vaut pour les expressions qui ne sont jamais marquées morphologiquement comme les noms propres ou les pronoms relatifs, et *?* désigne une marque impossible à déterminer comme par exemple dans les pronoms clitiques élidés (*l'*, *s'*). Selon les traits des éléments de chaque paire que nous avons constitué, nous lui donnons une des trois valeurs *vrai, faux, nul*. Les paires «nulles» sont celles où un des deux éléments a la valeur *None* ou *?* ; les paires «vraies» sont celles qui ont la même marque, ou dont une des deux est mixte (*e.g.* M/F - M, P - P, etc.). Les paires «fausses» sont celles ayant des traits non mixtes et incompatibles comme S - P.

Le tableau 4.9 répond à notre première question, celle de savoir dans quelle mesure la contrainte de genre et de nombre est respectée.

	compatible	incompatible
genre	89% (1011)	11% (124)
nombre	97% (1686)	3% (55)

Tableau 4.9 – Correspondance générale de genre et de nombre entre paires coréférentes

Les données qu'elle contient semblent montrer que les contraintes ne sont pas si fortes qu'on le croit, ou alors, que leur champ d'application est considérablement plus restreint que ce qu'on suppose : dans 11% des cas, les expressions coréférentes adjacentes ne partagent pas les même traits de genre, et 3% ne partagent pas les mêmes traits de nombre. Dans ce tableau toutefois nous avons exclus du compte les valeurs «nulles»; il faut spécifier que leur proportion est très élevée, soit environ deux cas sur trois pour le genre et deux sur cinq pour le nombre. Ceci est entre autres dû au grand nombre de noms propres, qui généralement ne sont pas associés à des informations genre ou de nombre, mais aussi parce que l'étiquetage des traits morphologiques dans le traitement linguistique n'est pas le résultat d'une analyse : les expressions ambiguës comme *responsable*, qui pourraient être désambiguïsées par exemple en regardant le déterminant qui les précède, héritent simplement des traits qui leur sont associés dans le lexique.

	genre	nombre
ncom_ncom	11%	6%
ncom_npr	24%	4%
ncom_pron	2%	2%
npr_ncom	28%	4%
npr_npr	5%	3%
npr_pron	4%	4%
pron_ncom	12%	2%
pron_npr	7%	2%

Tableau 4.10 – Incompatibilités de genre et de nombre entre paires coréférentes

Le tableau 4.10 montre que les incompatibilités de genre et de nombre ne sont pas réparties également selon les éléments qui constituent la paire d'expressions; comme on s'y attendait, les pronoms sont en général moins souvent impliqués dans une incompatibilité de genre ou de nombre. Deux choses méritent cependant notre attention : premièrement, la fréquence relativement élevée des incompatibilités entre noms propres et noms communs (24% et 28% pour le genre), et ensuite, le fait que cette variation soit sensible à l'ordre des éléments de la paire comme on le constate, par exemple, pour les paires constituées de noms communs et de pronoms. Globalement, il semble aussi que les incompatibilités de nombre soient considérablement plus rares que les incompatibilités de genre. Ce phénomène peut s'expliquer par le fait que le nombre soit une contrainte plus forte, mais aussi pour de simples raisons statistiques : les expressions plurielles étant sensiblement plus rares que les expressions au singulier, les probabilités d'incompatibilité sont plus faibles. Ce facteur mis de côté, les tendances sont similaires entre les marques de genre et de nombre.

Dans le premier cas, *i.e* l'incompatibilité des paires NPR-NCOM, on peut avancer l'explication suivante : lorsque le genre de certains noms propres est arbitraire, notamment pour les expressions désignant des lieux, il n'y a aucune nécessité sémantique à ce que les noms communs qui leur sont coréférents partagent les même traits de genre (e.g. *La Belgique (...) ce pays*) ; dans le cas des noms propres de personne par contre, ce n'est pas le cas. De fait, on trouve très peu de désignations de personnes dans les paires NPR-NCOM et NCOM-NPR incompatibles : les seuls cas sont ceux où le nom commun a un genre fixe, par exemple *témoin* ou *victime*. Dans le cas des expressions désignant des organisations, ce caractère arbitraire est aussi présent, mais dans une moindre mesure : on retrouve bien des noms d'entreprise dont le genre est arbitraire (*e.g. le Sinn Fein*), mais la plupart des noms propres d'organisation comprennent des noms communs (*la banque Arjil, la société Rhône-Poulenc*) qui déterminent leur genre, et qui peuvent être utilisés comme reprise (*Le Parti Socialiste - le parti*).

En ce qui a trait à l'importance de l'ordre, ceci semble indiquer que, quant à leur genre grammatical, les pronoms dépendent assez fortement des noms propres et noms communs dont ils sont la reprise immédiate. Ceci va de soi dans la mesure où le contenu sémantique des pronoms est beaucoup plus réduit que celui des autres types d'expressions nominales, et que la reconnaissance d'une coréférence entre un pronom et une autre expression ne peut pas reposer sur des facteurs comme la connaissance générale ou une proximité sémantique. Le genre est un indice de coréférence beaucoup plus important pour un pronom que pour un nom propre ou un nom commun. Par ailleurs la dépendance semble moins forte entre un pronom et, par exemple, un nom commun lorsque ce dernier le suit - le tableau donne 12% d'incompatibilité, contrairement à 2% dans l'ordre inverse.

Lorsqu'on observe d'un peu plus près les cas d'incompatibilité pour les paires contenant un pronom, on constate qu'un bon nombre d'entre eux proviennent en fait d'erreurs d'étiquetage. Par exemple, tous les cas où les paires

PRON-PRON ont des traits de genre différents contiennent le pronom clitique objet *lui*, marqué par erreur comme masculin :

(4.12) (L'Espagnole Miriam Blasco) ne s'est pas encore remise du vol plané que **lui** a fait effectuer ce petit bout de Française à quarante secondes de l'issue d'une demi-finale où **elle** menait à la marque.

On remarquera au passage que les incompatibilités entre noms propres sont assez rares (5% pour le genre, 3% pour le nombre) : ceci n'a cependant rien de très révélateur, si ce n'est que les noms propres coréférents sont dans la très grande majorité des cas identiques, donc pratiquement toujours compatibles.

Dans le cas des incompatibilités de nombre, elles touchent principalement les noms désignant des organisations, puisqu'on peut référer autant au groupe qu'aux individus qui le composent : *le parti travailliste - les travaillistes, les produits Hoechst - la société, le Groupe de Bruges - ils*, etc. La quasi-totalité des incompatibilités entre personnes ou lieux sont des erreurs, sauf quelques cas exceptionnels comme *les États-Unis - la puissance nord-américaine*.

Dans cette partie nous avons constaté que la compatibilité des traits morphologiques, *i.e.* le genre et le nombre, est un indicateur fiable de coréférence seulement dans un ensemble très restreint de cas, soit les paires d'expressions dont le second élément est un pronom. Dans ces circonstances, les seuls cas d'incompatibilité réelle possibles concernent les désignations d'organisations. Ces dernières d'ailleurs semblent être celles qui montrent le plus fort taux d'incompatibilité de genre et de nombre, tous types de paires confondues.

Enfin, nous avons pu constater que la dépendance qui existe entre les éléments d'une chaîne de coréférence, du point de vue des traits de genre et de nombre, est unidirectionnelle : le genre d'un pronom, par exemple, est beaucoup plus déterminé par le genre du nom commun qui le précède dans la chaîne que celui d'un nom commun le serait par le genre d'un pronom qui le précède.

4.2.4 Syntaxe

La syntaxe est elle aussi le siège de phénomènes qu'on peut corréler avec la coréférence. L'apposition en est un exemple, dont nous avons déjà fait mention précédemment ; un autre exemple est celui du parallélisme :

(4.13) **Les Japonais** dominent le marché des obligations internationales en francs suisses, où **ils** puisent une partie non négligeable des fonds qu'**ils** recueillent à l'étranger. **Ils** le font à desconditions qui leur sont très favorables. (monde1029)

(4.14) **L'homme** fut secrétaire particulier de Ceauşescu et **il** avait des liens étroits avec la famille régnante. (monde1250)

(4.15) **Constantin**$_a$ n'avait, jusqu'en juillet dernier, jamais manqué de fidélité à **Marie-Elisabeth Cons-Boutboul**$_b$. Régulièrement, **il**$_a$ **lui**$_b$ apportait en France de l'argent frais, sans même que ses frais de voyage soient remboursés. (monde5738)

En (4.13), on note que toutes les expressions coréférentes occupent la position de sujet ; en (4.14) on remarque la présence d'un référent possible (*Ceauşescu*) entre le pronom et son antécédent, ce qui donne à penser qu'il peut y avoir une préférence pour l'expression en position de sujet ; en (4.15), les deux pronoms sujet et objet ont comme antécédent les noms propres occupant la même fonction dans la phrase précédente. Ces trois exemples semblent appuyer une hypothèse selon laquelle la coréférence entre deux expressions serait favorisée par le fait qu'elles remplissent la même fonction grammaticale, *i.e.* qu'elles sont grammaticalement *parallèles*. Ce *parallélisme* est utilisé dans quelques algorithmes de résolution, notamment Carbonell & Brown (1988), McCarthy (1996), Lappin & Leass (1994) et Baldwin (1997). Dans le dernier cas, il n'est appliqué que pour la position de sujet des candidats à l'antécédence : on favorise les antécédents sujets lorsque la reprise est en position de sujet ; ceci peut être considéré comme une forme faible de parallélisme. L'algorithme de McCarthy (1996) prend d'ailleurs séparément en compte le fait que les deux expressions soient syntaxiquement parallèles et le fait qu'elles soient les deux en position de sujet. Le travail de Carbonell & Brown (1988) est quant à lui particulièrement intéressant parce qu'il soulève certaines questions quant à la nature réelle du phénomène. En effet, les auteurs proposent, entre autres indices de coréférence, un facteur de «persistance du rôle casuel» (*case-role persistence*), de nature sémantique, qu'ils voudraient distinct du parallélisme grammatical. On doit remarquer toutefois que, dans les exemples ci-haut, rien n'empêche de penser que le parallélisme puisse être sémantique, *i.e* que ce soit la similarité de rôle sémantique (par exemple *agent, patient,* etc.) qui ait un effet sur la coréférence ; ceci est dû au fait que, en français comme dans les autres langues dites «accusatives», les rôles sémantiques sont très fortement associés à une construction syntaxique, et distinguer les deux n'est pas toujours simple. Le parallélisme ne serait donc qu'un effet de surface. Dans le présent travail, nous parlerons de *parallélisme grammatical*, car c'est la fonction grammaticale des expressions dans les propositions dont elles font partie que nous utilisons comme indice de coréférence.

Dans ce qui suit nous mettrons à l'épreuve les hypothèses qui découlent des observations faites ici ; mais avant toute chose, quelques mots quant à la fiabilité de nos données. En effet, avant de déterminer si le parallélisme grammatical est un facteur important, il faut d'abord s'assurer que les fonctions grammaticales (notamment *sujet* et *objet direct*), sur lesquelles repose cette notion de parallélisme, sont correctement attribuées - on se souvient que l'annotation de ces dernières fut faite automatiquement par la chaîne de traitement TILT. Nous avons évalué sommairement cette annotation automatique pour mesurer l'impact des éventuelles erreurs sur la vérification de nos hypothèses. Dans un échantillon de quatre textes au hasard parmi les quatre-vingt du corpus annoté, nous avons simplement vérifié la précision des étiquettes correspondant aux fonctions grammaticales les plus fréquentes : sujet (SUJ-V), objet direct (COD-V), objet indirect (CPL-V), complément circonstanciel (CIRC) et complément du nom (MOD-N)[3]. Plus spécifiquement, pour chaque étiquette attribuée, il fallait déterminer s'il s'agissait d'une erreur. Les valeurs finales sont rapportées dans la table 4.11.

	n	erreurs	%
SUJ-V	207	24	11,6
COD-V	131	23	17,6
MOD-N	395	88	22,3
CPL-V	97	29	29,9
CIRC	274	126	45,0

Tableau 4.11 – Précision de l'étiquetage des principales fonctions grammaticales

---
[3]Ces cinq étiquettes, parmi les 25 utilisées pour désigner les fonctions grammaticales, recouvrent 87% de toutes les expressions nominales de notre corpus

Nous ne tiendrons pas compte des compléments circonstanciels, qui se démarquent des autres étiquettes par leur faible précision ; pour le reste, nous espérons que malgré leur imperfection, les données permettront tout de même de faire ressortir les informations utiles à la vérification de nos hypothèses.

4.2.5 Position sujet

La première hypothèse que nous allons vérifier est celle de la corrélation entre la fonction de sujet et la coréférence. S'il est vraiment le cas que la coréférence affecte plus souvent les expressions en position de sujet que celles qui occupent une autre fonction, alors on peut s'attendre à ce que la fonction syntaxique la plus fréquente dans les paires d'expressions coréférentes soit celle de sujet. Nous avons donc extrait, comme nous l'avons fait plus haut, toutes les chaînes de coréférence de notre corpus et avons constitué des paires d'expressions avec leurs éléments successifs. Dans les 2821 paires ainsi obtenues, on retrouve la distribution présentée dans le tableau .

	n	%
CPL-V	207	11,6
COD-V	131	17,6
MOD-N	395	22,3
SUJ-V	97	29,9
autre	274	45,0
total	2821	

Tableau 4.12 – Distribution des principales fonctions grammaticales dans les paires d'expressions coréférentes

Dans ce tableau il faut préciser que la catégorie «autre» regroupe 25 fonctions différentes, dont la plus fréquente compte pour environ 15% du total. Donc c'est effectivement la fonction de sujet qui est la plus fréquente. Le problème qui se pose cependant touche l'utilisation d'une telle information dans un algorithme de résolution. En effet, les antécédents en position de sujet sont fréquents, mais pas suffisamment pour qu'on se fie exclusivement à cette information lors de la résolution : en supposant que l'on sache qu'une expression donnée est une reprise, simplement rechercher les sujets et les coréférer à cette reprise engendrera de nombreuses erreurs. Il s'agit de voir dans quels contextes cette information est réellement utile. Nous avons pour ce faire extrait un autre ensemble de paires du corpus, selon une méthode qui simule une recherche d'antécédent simple : pour chaque reprise dans nos textes, *i.e* chaque expression faisant partie d'une chaîne mais qui n'en est pas la tête, nous cherchons dans le texte qui précède le sujet qui en est le plus proche, et vérifions s'il lui est coréférent.

Ce qu'on constate, c'est qu'une approche de ce type appliquée à n'importe quelle expression donnerait des résultats plutôt faibles : environ une paire sur cinq ainsi constituée est composée d'éléments coréférents. Cependant ces proportions varient fortement selon le type des expressions, comme on le constate dans le tableau .

E1	E2	non-coref	coref	
NCOM	NPR	658	40	698
PRON	NPR	436	37	473
PRON	PRON	189	180	369
NCOM	PRON	204	58	262
NCOM	NCOM	229	18	247
PRON	NCOM	187	44	231
NPR	NPR	186	12	198
NPR	PRON	64	125	189
NPR	NCOM	70	60	130
		2223	574	2797

Tableau 4.13 – Coréférence des paires «reprise - premier sujet»

Le tableau 4.13 montre que dans un cas seulement, soit les paires composées d'un nom propre et d'un pronom, on retrouve une majorité de cas de coréférence. Ces paires sont cependant assez rares (189 cas sur 2797). Pour les paires NPR-NCOM et PRON-PRON, on a presque autant de cas de chaque côté. Dans les autres cas, les cas de référence disjointe sont nettement plus nombreux. Un examen plus minutieux de ces données montre que les paires, à cet égard, suivent une distribution à la Zipf (Manning & Schutze (1999)) ; si en effet on calcule un ratio R pour chaque type de paire défini comme le nombre de cas coréférents divisé par le nombre de paires de ce type (ce qui est équivalent à une probabilité de coréférence pour un type de paire donné) on obtient les valeurs présentées dans le tableau 4.14.

E1	E2	R
NPR	PRON	0.66
PRON	PRON	0.49
NPR	NCOM	0.46
NCOM	PRON	0.22
PRON	NCOM	0.19
PRON	NPR	0.08
NCOM	NCOM	0.07
NPR	NPR	0.06
NCOM	NPR	0.06

Tableau 4.14 – Coréférence des paires «reprise - premier sujet»

Sachant que, tous types confondus, les paires d'expressions extraites sont coréférentes dans 21% des cas, on remarque que les types de paires se divisent en trois groupes : celles dont R est similaire à la proportion globale de paires coréférentes (NCOM-PRON et PRON-NCOM), celles dont R est nettement supérieure cette valeur globale (NPR-PRON, NPR-NCOM et PRON-PRON), et celles où elle lui est nettement inférieure (PRON-NPR, NCOM-NCOM, NPR-NPR et NCOM-NPR).

On peut conclure deux choses de ces faits : premièrement, le fait qu'une expression $E1$ soit en position de sujet n'est pas, à lui seul, un critère suffisant pour déterminer si elle est ou non l'antécédent d'une expression $E2$, et ce même dans les meilleurs cas comme lorsque $E1$ et $E2$ sont respectivement un nom propre et un pronom. Par contre, on note que selon la catégorie des expressions en jeu, le fait qu'une expression soit sujet peut constituer un indice assez fort, dans certaines circonstances, de son statut d'antécédent.

C'est le cas lorsque la reprise est un pronom ; cependant, rappelons que la très grande majorité des pronoms annotés dans notre corpus sont des clitiques sujets : cela signifie donc que les cas où la position de sujet semble être un bon indice sont aussi des cas de parallélisme grammatical. Si c'est le cas, alors l'indice à prendre en compte est ce parallélisme, et non la position de sujet.

4.2.6 Parallélisme

Si le parallélisme grammatical est à corréler à la coréférence, on peut s'attendre à retrouver un nombre relativement élevé de coréférences entre les expressions de même fonction syntaxique. Mais relativement élevé, par rapport à quoi exactement ?

Nous formulons ici deux hypothèses. La première, la plus forte, est que pour deux expressions de même fonction, la probabilité qu'elles soient coréférentes est plus élevée que la probabilité qu'elles ne le soient pas. Elle est forte en ce qu'elle implique que pour toutes les paires d'expressions de même fonction, une majorité d'entre elles soient coréférentes. La seconde hypothèse est que la probabilité de coréférence est plus forte pour deux expressions parallèles que pour deux expressions dont la fonction grammaticale est différente.

Pour vérifier ces deux hypothèses, nous avons procédé comme dans la section précédente : pour chaque expression dans une chaîne qui n'en est pas le premier élément (et dont nous sommes donc certains qu'elle est précédée d'au moins une coréférence), nous avons recherché la plus proche expression précédente ayant la même fonction grammaticale, et aussi une paire de fonction différente. Si le parallélisme est un indicateur fort, alors on peut s'attendre, avec cette méthode, à tomber relativement souvent sur une expression coréférente dans les cas de parallélisme. Cependant, nous avons obtenu les résultats globaux suivants :

Ces valeurs montrent que s'il existe une préférence pour les expressions de même fonction grammaticale, elle demeure très faible : la proportion de paires coréférentes parmi les expressions parallèles n'est que de 2% supérieure à leur proportion dans les expressions de fonction grammaticale différente. En observant les données de plus près, on note cependant une variation selon le type des expressions dans la paire : notre première hypothèse semble d'ailleurs vérifiée dans le cas des paires NPR-PRON, comme le montre le tableau .

On remarque que s'il y a trois types de paires qui semblent relativement souvent coréférentes en situation de parallélisme grammatical (NPR-

		coref	
		V	F
parall	V	500 (18%)	2318 (82%)
	F	378 (16%)	1982 (84%)
		878 (17%)	4300 (83%)

Tableau 4.15 – Coréférence et parallélisme grammatical

PRON,NPR-NCOM et PRON-PRON), seules les paires NPR-PRON sont conformes à notre première hypothèse. En ce qui concerne la seconde hypothèse, dans cette façon de regrouper les données, on s'aperçoit qu'elle est vraie dans moins de la moitié des cas ; le tableau montre la différence dans les proportions de paires coréférentes entre les paires parallèles et celles qui ne le sont pas.

On constate que le parallélisme grammatical augmente sensiblement la probabilité de coréférence pour seulement trois types de paires : NPR-PRON, NPR-NPR et PRON-NPR ; dans la majorité des cas, il est soit sans effet ou encore, il la diminue, contrairement à nos intuitions de départ.

4.3 Anaphoricité et détermination

Dans un système de résolution des coréférences, on recherche, pour une expression donnée (l'expression-cible), s'il existe une (ou plus) expression qui lui est coréférente dans un ensemble de candidats généralement constitué des expressions qui la précèdent. Or nous avons vu plus haut (section 4.2.1 - Distance linéaire) que la distance entre deux expressions coréférentes peut s'avérer très grande. Cela signifie que l'espace où l'on effectue cette recherche est lui-même assez large, ce qui peut correspondre à des temps de traitement élevés. On vise donc à trouver des moyens de réduire ces temps de traitement. Certaines heuristiques consistent à définir une fenêtre de taille spécifique à l'extérieur de laquelle aucune coréférence ne sera recherchée, ce qui équivaut à réduire l'espace de recherche ; mais plus récemment, certains travaux, dont notamment Uryupina (2003) et Ng (2004), se sont intéressés à définir des méthodes permettant de savoir si certaines expressions sont, a priori,

		coref	
E1	E2	V	F
NPR	PRON	65%	35%
PRON	PRON	47%	53%
NPR	NCOM	33%	67%
PRON	NCOM	18%	82%
PRON	NPR	13%	87%
NPR	NPR	12%	88%
NCOM	PRON	11%	89%
NCOM	NCOM	4%	96%
NCOM	NPR	3%	97%

Tableau 4.16 – Coréférence dans les paires parallèles, par type de paire

plus susceptibles que d'autres d'avoir un antécédent. En d'autres termes, si leur *anaphoricité* est plus élevée : ici, on se préoccupe de réduire le nombre d'éléments pour lesquels on effectue une recherche. Notons que la question de l'anaphoricité n'est réellement pertinente que dans le cas de la coréférence entre expressions non pronominales : on prend en effet pour acquis que les pronoms (hormis évidemment les impersonnels) ont toujours un antécédent, et que leur anaphoricité est maximale.

Dans de nombreux systèmes, la tâche de la détection de l'anaphoricité fait implicitement partie de la tâche de résolution de la coréférence. Elle peut simplement se traduire par une restriction des expressions-cible à un ensemble de catégories spécifiques, comme pour Markert & Nissim (2005) où on cherche un antécédent seulement pour les groupes nominaux définis ou ceux qu'on appelle *"other*-anaphora" (*AZT can relieve* **dementia** *and* **other symptoms** *in children*). Dans des algorithmes par apprentissage automatique comme par exemple Soon et al. (2001), elle se traduit par la spécification, dans le vecteur de propriétés qui caractérise la paire d'expression dont on doit déterminer si elle est coréférente, de variables portant sur certaines caractéristiques de l'expression-cible dans la paire (notamment le fait que celle-ci soit précédée

		parall	
E1	E2	V	F
NPR	PRON	65%	53%
PRON	NPR	13%	6%
NPR	NPR	12%	7%
PRON	PRON	47%	46%
NCOM	PRON	11%	11%
NCOM	NCOM	4%	7%
NCOM	NPR	3%	7%
PRON	NCOM	18%	30%
NPR	NCOM	33%	59%

Tableau 4.17 – Pourcentage de paires coréférentes selon le parallélisme, par type de paire

d'un déterminant défini ou démonstratif).

Les travaux les plus récents visant à la détection de l'anaphoricité adoptent généralement, eux aussi, des approches par apprentissage automatique. Les systèmes développés par Uryupina (2003) et Ng (2004) utilisent RIPPER (Cohen (1996)) pour déterminer l'anaphoricité d'expressions nominales caractérisées par des vecteurs de (respectivement) 32 et 37 variables. Les résultats qu'ils obtiennent sont très proches : sur le corpus de MUC-7, ils obtiennent respectivement une f-mesure de 86% et 84%.

La question centrale en ce qui concerne la détection de l'anaphoricité n'est cependant pas de savoir quel algorithme utiliser ou quelles variables doivent être spécifiées, mais plutôt comment utiliser cette information. En premier lieu, il est difficile de définir l'anaphoricité de façon complètement indépendante de la coréférence : en effet le seul critère nous permettant de savoir avec certitude qu'une expression a une anaphoricité non-nulle est le fait qu'elle fasse partie d'une chaîne de coréférence. Puisque la notion de chaîne de référence est souvent elle-même déterminée par des considérations fortement pratiques (*i.e* les informations disponibles, l'outil d'analyse utilisé, l'application visée), et qu'on a bien démontré qu'elle n'était pas exempte de problèmes du point de vue théorique (Kibble & van Deemter (2000)), la notion d'anaphoricité semble plus proche d'une heuristique que d'une théorie. Elle ne serait en fin de compte qu'une information permettant d'optimiser un système de résolution : on voit mal comment elle serait utile à autre chose que de faire varier la taille de l'espace de recherche. À ce titre, Ng (2004) avoue d'ailleurs l'utiliser comme une variable permettant de spécifier le «conservatisme» d'un algorithme de résolution, une façon de déterminer un seuil ayant un effet sur le rapport entre la précision et le rappel d'un système.

L'idée derrière cette notion d'anaphoricité cependant - le fait qu'une expression donnée, de par les mots qui la composent, est plus susceptible qu'une autre de se retrouver dans une chaîne de coréférence - trouve peut-être un écho dans les déterminants. Nous avons en effet vu au chapitre 2 qu'il semble exister un lien entre la présence d'un déterminant devant une expression nominale et le fait que celle-ci puisse avoir comme référent une entité du discours. Par ailleurs si une expression nominale est anaphorique, elle a nécessairement un référent dans le discours ; une expression non déterminée semble donc *a priori* avoir une anaphoricité nulle. Reste à savoir si le type de déterminant devant une expression nominale a un effet sur son anaphoricité. C'est ce que nous verrons dans la section suivante.

4.3.1 Déterminants indéfinis

Il a déjà été noté (Blanche-Benveniste & Chervel (1966)) que certaines contraintes semblent être à l'oeuvre dans la distribution des déterminants en contexte de reprise immédiate. Observons les contrastes suivants :

a. Un homme entra dans la pièce. Je reconnus aussitôt *un/l'/cet homme.
b. L'homme entra dans la pièce. Je reconnus aussitôt *un/l'/cet homme.

En (4.3.1a), on constate que les reprises tolèrent mieux les déterminants définis ou démonstratifs ; les indéfinis sont incompatibles avec une interprétation coréférente des deux occurrences de *homme*, mais sont possibles en première mention d'une entité. Si ces exemples traduisent un phénomène général, alors les déterminants indéfinis peuvent être utilisés comme des marqueurs forts de non-anaphoricité, malgré le fait que, comme nous l'avons constaté au début de ce chapitre, leur fréquence soit plutôt faible.

Nous avons vérifié jusqu'à quel point ce contraste est présent dans notre corpus annoté. Pour toutes les expressions dans une chaîne de coréférence, nous avons séparé les premières mentions des reprises, puis les avons regroupées selon leur classe syntaxique - évidemment, puisque ce sont les déterminants utilisés qui nous intéressent, nous avons ignoré de ce décompte les expressions pronominales.

	reprise	tête	total
DNUL	974	299	1273
DDEF	897	331	1228
DIND	49	26	75
DPOS	36	18	54
DDEM	36	0	36
	1018	375	1393

Tableau 4.18 – Classes syntaxiques des expressions en tête et en reprise

Les résultats, dans le tableau 4.18, montrent tout d'abord que les déterminants indéfinis sont possibles dans les reprises. Mais il faut remarquer que ces reprises sont généralement d'un type bien spécifique : des 49 expressions avec déterminant indéfini en reprise, 18 sont des attributs (4.16), 9 sont des appositions (4.17) et dans 8 cas sont à considérer comme des noms propres (4.18).

(4.16) a. Il est plutôt considéré comme un modéré, ouvert à le dialogue. Mais **il** est avant tout **un homme** du général, qu' il a connu il y a une trentaine d' années. (monde9468)

b. **Cathy** est **une bosseuse**, mais elle a tendance à en faire trop (monde4291)

(4.17) a. le Japon (...) compte , tout comme les États Unis, le Mexique au nombre de ses priorités, **un Etat stratégique**, selon le numéro un nippon (monde8842)

b. les Khmers rouges ont mené plusieurs raids à l'intérieur de Battambang, **une agglomération** de quelque deux cent mille habitants (monde1845)

(4.18) a. Il est tout à fait possible d'imaginer que la question puisse se poser de savoir si, dans le cadre d'**une Europe unie**, les deux États allemands veulent se réunir ou non . (monde4093)

b. (...) il quitte le gouvernement, en désaccord avec **un Willy Brandt** bien décidé a conclure un pacte de gouvernement avec les libéraux (monde163)

Ces exemples semblent montrer que les expressions nominales indéfinies en reprise, lorsqu'elles ne sont pas des noms propres, doivent entretenir une certaine relation syntaxique avec leur antécédent ; de fait, lorsque cette relation est inexistante, le lien de coréférence semble plus ténu :

(4.19) a. Mr Chevardnadze, ministre soviétique de les affaires étrangères, est arrivé samedi 6 janvier à Bucarest pour la première visite en Roumanie libérée d'**un responsable** de Moscou . (monde1872)

b. Steve Nichols, l'ingénieur attitré de la voiture d'Ayrton Senna, et Tim Wright, un autre ingénieur McLaren chargé de les essais avec Honda, pourraient à leur tour rejoindre Alain Prost et John Barnard en Italie. Si ces rumeurs se confirmaient, Ron Dennis risquerait de voir son équipe déstabilisée la saison prochaine pour affronter une Scuderia à l'ambition retrouvée avec l'argent et le potentiel technique de Fiat mis à le service d'**un ingénieur** et de deux pilotes à les talents exceptionnels (monde8441)

Certes, en 4.19(b), on comprend que *Steve Nichols* est «un ingénieur» ; mais il est difficile d'affirmer avec certitude que le lien entre les deux expressions en est un de coréférence : l'expression indéfinie semble plus désigner une catégorie dont la personne dénotée par le nom propre fait partie.

	reprise	tête	total
apposées	96	1	97
attributs	18	0	18
autres	6	1	7

Tableau 4.19 – Expressions nominales sans déterminant, noms propres exclus

4.3.2 Expressions sans déterminant

Pour les expressions nominales sans déterminant (DNUL), la situation est semblable à celle des expressions précédées d'un déterminant indéfini. Si on élimine les noms propres des 1273 occurrences d'expressions non-déterminées faisant partie d'une chaîne de coréférence, on se retrouve avec 122 expressions dont la quasi-totalité est en position de reprise, et qui sont constituées en majeure partie d'appositions et d'attributs (tableau 4.19). Il n'y a qu'une seule des expressions apposées en tête de chaîne (4.20), toutes les autres sont des reprises comme l'exemple (4.21) :

(4.20) Actuellement **secrétaire général** du FLN, Mr Mehri nous le disait récemment : Alger souhaitait vivement, ces dernières semaines, une nouvelle rencontre (...) (monde4565)

(4.21) Agdam est situé à proximité du Haut-Karabakh, **région** rattachée à l'Azerbaïdjan (monde1731)

Comme avec les déterminants indéfinis en reprise, on retrouve aussi plusieurs expressions sans déterminant qui remplissent la fonction d'attribut :

(4.22) Un avocat qui fut **membre** de l'ancien Parti libéral, Mr Milena Marmeliuc (monde1872)

4.3.3 Déterminant démonstratif

On remarque enfin que sont en fait les expressions avec déterminants démonstratifs (DDEM), qui semblent réellement limités à la position de reprise : dans le tableau 4.18, on note qu'aucune occurrence de ce type d'expression n'est à la tête d'une chaîne. L'examen de ces données révèle également que ces expressions sont généralement assez proches de leur antécédent, qui est dans presque tous les cas un nom propre - dans 23 des 36 cas d'ailleurs, l'antécédent de l'expression démonstrative est le premier nom propre qui la précède :

(4.23) C'est dans ce contexte trouble que les animateurs de le Front populaire azéri poursuivent leur bras de fer avec l'appareil communiste de l'**Azerbaïdjan**. Dans **cette République** où le népotisme et les prébendes sont la règle (...) (monde9340)

4.3.4 Déterminants définis

En ce qui concerne le déterminant défini, il ne semble pas relié à l'anaphoricité des expressions - on rapporte d'ailleurs dans Poesio & Vieira (1998) des recherches montrant que près de la moitié des descriptions définies dans un corpus de textes du *Wall Street Journal* correspond à des premières mentions. Ce qui nous serait utile serait donc de savoir s'il existe des moyens de distinguer les premières mentions des reprises, parmi toutes les expressions précédées d'un déterminant défini. Vieira & Poesio (2000), s'appuyant sur les résultats mentionnés plus haut, s'attaque en partie à ce problème : on y présente un système de résolution de la coréférence des descriptions définies comprenant des heuristiques visant à départager les reprises des premières mentions, puis ensuite à retrouver les antécédents des reprises.

Les auteurs définissent quatre heuristiques, basées sur une analyse de leur corpus, pour détecter les descriptions définies en première mention. La première se fonde sur des critères lexicaux : on recherche ce qu'on appelle des «prédicats spéciaux», qui sont de trois types :

- Des noms précédés de certains modifieurs spécifiques (*first, last, best, most, maximum, minimum, only*), par exemple *The first man to climb Mt. Everest*;

- Des noms spécifiques (*fact, result, conclusion, idea, belief, saying, remark*) suivis d'une subordonnée, par exemple *The fact that people are coming*;
- Des description définies référant à une unité temporelle (*hour, time, morning, afternoon, night, day, week, month, period, quarter, year*)

La deuxième heuristique touche les modifieurs restrictifs. On recherche les noms suivis d'un complément (groupe prépositionnel ou subordonnée) qui les modifient, comme dans *L'homme qui a écrit la lettre* ou *Le président des États-Unis*. Troisièmement, les auteurs considèrent les appositions dans leur intégralité comme des premières mentions : l'heuristique permettant de les détecter consiste à chercher les séquences de groupes nominaux, séparés ou non d'une virgule. Enfin, on recherche les descriptions définies qui précèdent un verbe d'état introduisant leur attribut, comme dans *Le premier ministre anglais est sourd*. Les expressions extraites grâce à ces heuristiques sont comparées à une ensemble de descriptions définies en première mention provenant d'une annotation manuelle sur le même corpus : les auteurs obtiennent une précision de 72% et un rappel de 69%.

Nous avons appliqué ces heuristiques sur notre corpus afin de voir jusqu'à quel point elle sont utilisables dans le contexte de notre travail. Pour ce faire, nous avons extrait toutes les expressions avec déterminant défini, *i.e* celles dont le trait STX a la valeur DDEF, puis les avons soumises à chacune des heuristiques[4]. Dans certains cas, plus d'une heuristique pouvait être appliquée : dans la phrase *Mr Guennadi Guerassimov, le porte-parole officiel du Kremlin (monde1103)* par exemple, on a une apposition et un modifieur restrictif prépositionnel. Pour une évaluation sommaire comme celle que nous faisons ici, nous avons fait le choix de permettre les étiquettes multiples afin de voir tous les cas où une heuristique donnée s'applique ; pour une utilisation dans le cadre d'un système de résolution cependant, il est possible que les étiquettes multiples ne soient pas la meilleure approche.

Le tableau 4.20 montrent les résultats généraux du classement : les expressions sont regroupées en trois types, *tête* pour celles qui sont les têtes de chaîne dans notre annotation, *reprise* pour les expressions dans les chaînes qui ne sont pas en position de tête, et *libre* pour toutes les expressions qui ne sont dans aucune chaîne annotée. Pour chacune de ces trois catégories, on peut voir combien ont été classées comme des premières mentions par les

---

[4]Évidemment, les termes des prédicats spéciaux ont été traduits en français

	libre	reprise	tete	tous types
reprises	44%	63%	50%	47%
premières mentions	56%	37%	50%	53%
Nb. expressions	**5185**	**897**	**331**	**6413**

Tableau 4.20 – Résultats généraux de la détection des premières mentions

heuristiques de Vieira & Poesio (2000) et combien sont classées comme des reprises potentielles. On remarque tout de suite qu'un nombre plutôt élevé (37%) de reprises sont considérées comme des premières mentions ; un certain nombre de ces cas proviennent d'erreurs de précision dans la détection des structures syntaxiques associées, mais une bonne partie s'explique par les spécificités de notre annotation des chaînes de coréférence. On considère en effet le second terme d'une apposition comme une reprise ; l'application des heuristiques mentionnées plus haut, qui marque les deux termes de l'apposition comme étant une première mention, générera donc des erreurs. Un peu moins de la moitié des cas ont cette origine.

	libre	reprise	tete	Total
Aucune	2260	567	165	2992
Mod restrictif – SP	2220	137	82	2439
Apposition	742	198	129	1069
Mod restrictif – subordonnée	146	15	4	165
V état	77	26	2	105
Préd spéciaux – temporels	97	0	0	97
Préd spéciaux – modifieurs	61	1	1	63
Préd spéciaux – nom + subord	27	0	0	27
Nb. expressions	**5185**	**897**	**331**	**6413**

Tableau 4.21 – Résultats de chaque heuristique dans la détection des premières mentions

Le tableau 4.21 donne le détail de cette classification pour chacune des heuristiques appliquée. On voit tout de suite que les heuristiques qui s'appliquent le plus souvent sont la modification restrictive avec adjoint prépositionnel et l'apposition : si on enlève du compte les reprises «bien classées», soit celles qui ne sont affectées par aucune heuristique, elles s'appliquent respectivement sur 71% (2439/3421) et 31% (1069/3421) des expressions touchées. Elles génèrent tout de même quelques erreurs : 22% (198/897) des reprises sont classées comme des premières mentions par l'apposition, une certaine partie de celles-ci pour les raisons mentionnées plus haut, et 15% (137/897) le sont par les adjoints prépositionnels. On remarquera aussi que les heuristiques basées sur la présence de prédicats spéciaux, si elles ne s'appliquent pas sur un grand nombre d'expressions, ont une précision très élevée : très peu de reprises vraies sont affectées par elles.

Les erreurs provenant de la détection d'appositions, autres que celles dues à notre façon d'annoter les chaînes, sont de deux types : en 4.24, ce qui est interprété comme le premier terme de l'apposition est en fait un complément circonstanciel qui précède l'expression ; en 4.25, l'erreur provient de ce que l'on s'arrête à la première expression avant la virgule, alors que celle-ci n'est qu'une partie de l'expression qui est effectivement apposée - dans l'exemple, *une autre société contrôlée par l'homme d'affaires italien.*

(4.24) Trente huit ans après **sa création, l'entreprise Nixdorf** perd donc son autonomie (monde1298)

(4.25) La production de programmes revenait à une autre société contrôlée par **l'homme d'affaires italien, Videotime** (monde1135)

En ce qui a trait aux erreurs de l'heuristique des modifieurs restrictifs avec adjoint prépositionnel, environ un quart vient du fait que les expressions définies avec modifieur prépositionnel soient possibles en position de reprise :

(4.26) **Mr Jospin** s'est félicité de la présence de tous ces responsables qui, à ses yeux, signifie que le courant A - B existe . **Le ministre de l' éducation nationale** y a vu un argument en faveur de sa proposition d'un regroupement de ce courant sur une même motion (...) (monde5127)

Les erreurs dues à la détection erronée de compléments prépositionnels proviennent principalement de l'ambiguïté des rattachements prépositionnels : les deux expressions sont elles-mêmes deux compléments d'un même élément (4.27) et se succèdent dans le texte, ou encore la seconde expression est le complément prépositionnel de la première (4.28), elle-même complément prépositionnel :

(4.27) (...) les ressources humaines seront le principal produit exporté **par l'Égypte en Jamahiriya**. (monde3887)

(4.28) (...) le Mexique a évidemment considéré avec satisfaction que le premier déplacement à l'étranger du nouveau chef **du gouvernement de la grande puissance asiatique**. (monde8842)

4.4 Conclusion

Dans ce chapitre nous avons tenté de tracer les grandes lignes de ce qui caractérise la coréférence dans les textes journalistiques en français. Plus précisément, nous nous sommes basé sur un corpus annoté pour examiner d'un peu plus près un ensemble de caractéristiques propres à la distribution des expressions nominales coréférentes, caractéristiques souvent utilisées dans les travaux sur la résolution de la coréférence.

Nous avons constaté que dans bien des cas, ces indicateurs de coréférence varient en importance selon la catégorie morphosyntaxique des éléments en relation. C'est le cas de la distance entre les éléments d'une même chaîne, qui peut être très grande entre deux noms propres mais généralement beaucoup plus courte entre un nom propre et un pronom. C'est aussi le cas de la correspondance en genre et en nombre entre les deux éléments d'une paire, nettement plus significatif, par exemple, pour les paires NCOM-PRON que pour les paires NCOM-NCOM. La catégorie des éléments d'une paire d'expression coréférente a également un effet sur l'importance du parallélisme grammatical ou de la position de sujet comme indice de coréférence.

Nous avons également vu que les indices qui semblent les plus significatifs sont aussi les plus rares. Par exemple, dans la section 4.2.2, on a pu constater que le fait d'avoir un même lexème en tête de deux expressions est un indice fort de coréférence, mais est assez peu fréquent ; même chose pour la correspondance de genre et de nombre, qui n'est réellement fiable que pour les paires de pronoms (4.2.3), ou pour les prédicats spéciaux pour distinguer les reprises de premières mentions (4.3.4).

À propos des déterminants, nous avons vu qu'ils peuvent être reliés à la notion d'*anaphoricité*, *i.e* le fait qu'une expression donnée soit une première mention d'une entité nommée ou une anaphore. On a constaté que les expressions sans déterminant ou avec déterminant indéfini se retrouvent plutôt rarement dans les chaînes de coréférence, mais lorsque c'est le cas, ils sont utilisés dans des structures spécifiques : les appositions et les attributives. Dans le cas des expressions définies, notre brève évaluation des heuristiques de détection des premières mentions présentés dans Vieira & Poesio (2000) nous a montré que celles-ci sont transposables dans notre corpus, mais que si l'on souhaite éviter un trop grand nombre d'erreurs, certaines améliorations restent à faire en ce qui concerne les procédures de détection des appositions et des compléments prépositionnels.

Le prochain chapitre présente notre algorithme de résolution de la coréférence. En premier lieu, nous verrons comment les observations faites ici permettent de tracer les grandes lignes de notre méthode de résolution ; ensuite, nous passerons à une description plus détaillée de son implémentation ; et enfin, nous comparerons les résultats obtenus par notre système à ceux qu'on obtient en implémentant l'algorithme de Soon et al. (2001), qu'on peut considérer comme représentatif de l'état de l'art du domaine.

Chapitre 5
Algorithme de résolution

5.1 Introduction

Le chapitre précédent a permis de faire le jour sur un ensemble de phénomènes statistiques et linguistiques corrélés à divers degrés à la relation de coréférence dans les textes écrits. Dans ce chapitre-ci il s'agira d'intégrer ces observations dans un algorithme voué à la résolution de la coréférence entre désignations d'entités nommées.

En premier lieu nous définissons les grandes lignes de l'algorithme à développer et discutons des principes qui déterminent son fonctionnement. Dans la section 3, nous nous attardons sur les aspects techniques de l'algorithme, notamment les détails de son implémentation. La section qui suit fait l'évaluation de ses performances.

5.2 Approche du problème

5.2.1 Méthode numérique ou symbolique ?

Comme nous l'avons vu au chapitre 2, les travaux portant sur la résolution de la coréférence sont nombreux - au moment de rédiger ces lignes, nous avons répertorié environ 80 algorithmes différents, pour l'anglais seulement, voués à la résolution des coréférences nominales ou des anaphores. Nous les avons regroupés en deux grandes familles : les méthodes symboliques et les méthodes numériques. Chaque famille se subdivise en trois sous-groupes : les méthodes symboliques comprennent les approches à base de règles, à base de recherche de critères et celles qui se fondent sur la notions de saillance (Ariel (1988) ; les méthodes numériques sont constituées des approches par ordonnancement (*ranking*), des approches par calcul de similarité et des approches probabilistes, celles-ci étant généralement des algorithmes d'apprentissage automatique et plus particulièrement des arbres de décision. Ces approches probabilistes ont vu le jour assez récemment, et semblent être celles qui donnent les meilleurs résultats.

On peut vraisemblablement expliquer l'avènement des approches probabilistes, ces vingt dernières années, par un certain accroissement de la qualité et de l'étendue des outils d'analyse linguistique comme les étiqueteurs ou les analyseurs syntaxiques : en effet, les méthodes probabilistes requièrent généralement une quantité importante d'information, rendue facilement disponible avec les outils d'analyse contemporains. Aussi, les méthodes probabilistes ont généralement une tolérance un peu plus grande face aux erreurs d'annotation, si on les compare aux autres approches, et tirent parti des régularités statistiques qui pourraient échapper à l'œil d'un expert. En contrepartie, les algorithmes symboliques, par delà leurs inconvénients (comme le temps de développement a priori plus long), permettent un contrôle beaucoup plus précis du processus de résolution. Leur avantage probablement le plus important sur les méthodes probabilistes est qu'ils permettent d'appliquer des généralisations linguistiques qui pourraient échapper à un algorithme d'apprentissage du fait d'une trop faible représentation dans l'ensemble des données.

Par exemple, dans le chapitre 4, nous avons constaté qu'il existe des indicateurs de coréférence ou du statut de première mention dont la précision est très élevée mais qui sont très rares (e.g. les *prédicats spéciaux* dans la section 4.3.4) ; typiquement, les indicateurs de ce genre ne sont pas très utiles dans les méthodes probabilistes. En effet, celles-ci se basent sur la fréquence relative de certains attributs d'un élément pour calculer une probabilité d'étiquetage sur cet élément. Les attributs trop rares risquent en quelque sorte de se «perdre dans la foule», et malgré qu'ils soient presque toujours associés à une étiquette donnée, s'ils se manifestent conjointement à un trop grand nombre d'attributs fréquents dans les cas négatifs, il n'aboutiront pas au résultat souhaité.

Pour cette raison, nous croyons que la meilleure approche est un approche hybride, ajoutant à une méthode probabiliste certains traitements propres aux méthodes symboliques. Ces derniers traitements s'appliqueraient pour tous les indicateurs qui, dans un contexte donné, ont une précision élevée ;

cela permettrait en outre d'alléger le nombre de cas traités suivant les méthodes probabilistes.

5.2.2 Approche par classifieurs multiples

Nous avons pu voir dans le chapitre 4 qu'il existe de nombreux cas où les indicateurs de coréférence varient en importance selon la catégorie de l'expression affectée. Par exemple, le fait que deux expressions aient des lexèmes en commun est un indice plus fort de coréférence entre deux noms communs qu'entre un nom propre et un pronom. Dans un système à base de règles, ce fait est assez simple à prendre en compte, dans la mesure où il est défini par le contexte d'application de la règle : si par exemple on veut utiliser une règle pour coréférer les paires d'expressions de type NCOM-NCOM ayant le même lexème en tête de syntagme (*cf.* Table 4.7), on définit une règle qui s'applique sur ce type de paire seulement, comme dans l'exemple suivant :

(5.1) SI
    expression 1 = NCOM
    ET expression 2 = NCOM
    ET tête(expression 1) == tête(expression 2)
ALORS
    coréférer(expression 1, expression 2)

Si par contre on utilise un classifieur (arbre de décision ou classifieur bayésien naïf) pour déterminer si une paire d'expressions donnée est coréférente ou non, on ne contrôle pas son contexte d'application. Dans les travaux utilisant de telles méthodes pour résoudre la coréférence comme Soon et al. (2001), Ng & Cardie (2002), Strube et al. (2002) et Yang et al. (2004) on entraîne un classifieur qui devra, pour chaque paire d'expressions extraite du texte, déterminer si elle est coréférente ou non. Typiquement les informations propres à la catégorie des éléments de la paire sont représentées par des attributs dans un vecteur qui lui correspond. Pour les indicateurs de coréférence qui ne sont pas suffisamment précis pour faire l'objet d'une règle, qui sont relativement rares, et dont l'importance varie sensiblement selon la catégorie des expressions en jeu (trois caractéristiques que l'on retrouve fréquemment dans notre corpus), on risque de se retrouver lors de l'entraînement avec trop peu d'instances positives, sur l'ensemble de toutes les paires extraites du corpus, pour être en mesure de faire de bonnes prédictions lors de la tâche de classification.

Pour éviter ce problème de sous-représentation de certains attributs, nous proposons d'utiliser non pas un, mais plusieurs classifieurs, à raison d'un pour chaque type de paire.

5.3 Tâches

5.3.1 Sélection des instances d'entraînement

Dans notre corpus, sur les 14851 expressions référentielles qu'il contient, 3504 (soit 23,6%) font partie d'une chaîne de coréférence. Cela peut sembler beaucoup, mais il faut tenir compte des faits suivants : dans le cadre d'une tâche de résolution de la coréférence, il s'agit généralement de constituer des paires d'expressions, et pour chacune d'elles, évaluer si les expressions qui la composent sont ou non coréférentes ; pour une expression e_i dont on recherche l'antécédent dans un texte, on doit constituer un paire pour chaque expression e_n où $0 \leq n \leq i-1$. En l'absence de toute forme de mécanisme visant à limiter le nombre de paires ainsi extraites, c'est-à-dire en constituant toutes les paires possibles, la proportion de paires coréférentes sur le total des paires d'expression est plutôt basse : pour l'ensemble de notre corpus, 17431 paires sur 1440125 sont coréférentes, soit 1,2%.

L'inconvénient majeur de cette situation est que, dans le contexte où on utilise un algorithme d'apprentissage automatique, le nombre d'instances positives est trop faible pour qu'un apprentissage soit possible. Il y a en effet de fortes chances pour que les attributs qui caractérisent les instances positives se retrouvent dans une moins grande proportion, mais en plus grand nombre dans les instances négatives, ce qui les empêche d'être réellement discriminants. Un autre inconvénient est celui du temps de traitement associé à un aussi grand nombre de cas à traiter.

Une des réponses possibles à ce problème consiste à définir une fenêtre de recherche, ce qui permet de diminuer considérablement le nombre de cas à traiter. Cette fenêtre peut être de taille fixe, comme dans Mitkov (1998) où la recherche d'antécédents de pronoms se limite aux deux phrases précédentes la phrase en cours. Une telle stratégie a cependant comme désavantage qu'elle risque de causer du silence, *i.e* certains cas de coréférence ne seront pas détectés simplement parce qu'ils se trouvent à l'extérieur de la fenêtre de recherche.

Dans s'autres cas, la fenêtre peut être de taille variable, comme dans Soon et al. (2001) et Ng & Cardie (2002) où les paires positives extraites durant la phase d'entraînement du classifieur sont composées des expressions adjacentes e_i, e_j dans une chaîne de coréférence $e_0, ..., e_n$, et les instances négatives de toutes les paires pouvant être formées avec e_j et les expressions entre e_i et e_j dans le texte. Durant la phase de classification, aucune fenêtre n'est définie. Cette façon de faire est à notre avis meilleure que de déterminer une fenêtre de taille fixe, mais ne permet pas d'éviter complètement le problème du manque de données positives mentionné un peu plus haut.

Dans la section 4.2.1 du précédent chapitre, nous avons constaté que la distance entre les expressions adjacentes dans une chaîne peut varier considérablement, et que cette variation est différente selon la catégorie des éléments qui constituent la paire : par exemple, les noms propres dans une même paire peuvent être relativement proches, mais aussi très éloignés. Cela signifie qu'une méthode de sélection comme celle de Soon et al. (2001), pour les paires de noms propres, pourrait toujours être sujette au problème de la rareté des instances positives. Si on utilise un classifieur différent pour chaque type de paire, on diminue l'importance de ce problème.

En effet, si lors de l'entraînement on ne recherche que les instances d'un type de paire donné, les instances négatives seront toutes les paires «intermédiaires» à la paire positive, *pour ce type de paire donné* ; avec un seul classifieur, toutes les expressions intermédiaires seront prises en compte. Pour illustrer, prenons l'extrait suivant :

(5.2) *L'Iran*$_1$ a dépêché une mission diplomatique à Moscou, samedi 6 janvier, pour tenter d' apaiser les troubles frontaliers dont se sont rendus responsables, en Azerbaïdjan, des *habitants azéris*$_2$, a indiqué *l'agence iranienne Irna*$_3$. Selon *cette agence*$_3$, la délégation iranienne était conduite par le vice-ministre des affaires étrangères, Mr Mahmoud Vaezi. *L'agence iranienne Irna*$_3$ a par ailleurs annoncé que *l'Iran*$_1$ et l'URSS ont signé un accord vendredi afin de faciliter le franchissement de leur frontière commune pour *les Azéris*$_2$ vivant dans les deux pays. (monde1731)

Avec un seul classifieur lors de la phase d'entraînement, on se retrouvera avec les instances suivantes pour la chaîne 3 (*l'agence iranienne Irna ... cette agence ... L'agence iranienne Irna*) où toutes les expressions intermédiaires à celles qui sont adjacentes dans la chaîne forment des instances négatives :

(5.3) – l'agence iranienne Irna, cette agence (pos)
 – cette agence, L'agence iranienne Irna (pos)
 – la délégation iranienne, L'agence iranienne Irna (neg)
 – le vice-ministre des affaires étrangères, L'agence iranienne Irna (neg)
 – Mr Mahmoud Vaezi, L'agence iranienne Irna (neg)

Dans le cas où plusieurs classifieurs sont utilisés, on a deux ensembles d'instances pour la chaîne 3 : le premier est composé des paires de type NPR-NCOM, l'autre des paires de type NCOM-NPR :

(5.4) – l'agence iranienne Irna, cette agence (pos)

(5.5) – cette agence, L'agence iranienne Irna (pos)
 – la délégation iranienne, L'agence iranienne Irna (neg)
 – le vice-ministre des affaires étrangères, L'agence iranienne Irna (neg)

Dans cet exemple, on se retrouve avec une instance négative en moins dans la version à plusieurs classifieurs ; la différence ne semble pas énorme ici, mais dans certains cas elle n'est pas anodine. Afin de voir l'effet que peut avoir une telle approche sur la proportion des instances positives et négatives, nous avons extrait de notre corpus des paires d'expressions de la même manière que le ferait chacune des deux approches. Le tableau 5.1 montre les différences des proportions entre instances positives et négatives pour chaque type de paire, pour les deux approches. En ce qui concerne les noms propres, on constate que l'approche à classifieurs multiples diminue, à divers degrés selon le type de paires, le déséquilibre qui existe entre les instances positives et négatives. On remarquera aussi que dans certains cas la proportion est inversée comme pour les paires NPR-PRON : cela montre la relative rareté des séquences $NPR_i \ldots NPR \ldots PRON_i$, et traduit le fait que le premier nom propre qui précède un pronom lui est plus souvent qu'autrement coréférent.

	un classifieur			plusieurs classifieurs		
	negatives	positives	total	negatives	positives	total
NCOM_NCOM	93%	7%	1899	90%	10%	1309
NCOM_NPR	94%	6%	5004	91%	9%	3551
NCOM_PRON	75%	25%	649	67%	33%	499
NPR_NCOM	91%	9%	4232	63%	37%	992
NPR_NPR	97%	3%	31128	86%	14%	6073
NPR_PRON	68%	32%	996	25%	75%	429
PRON_NCOM	89%	11%	1169	57%	43%	290
PRON_NPR	96%	4%	5321	77%	23%	968
PRON_PRON	76%	24%	1439	30%	70%	493
	95%	5%	51837	81%	19%	14604

Tableau 5.1 – Proportion des instances positives et négatives dans une approche à un *vs.* à plusieurs classifieurs

5.3.2 Parcours du texte

Que ce soit pour appliquer des règles ou constituer des paires d'expressions en vue de les soumettre à un classifieur, le texte doit être parcouru à la recherche, d'une part, des expressions-cibles, *i.e* celles à partir desquelles on recherche d'autres expressions coréférentes, et d'autre part des candidats, parmi lesquels on choisira éventuellement une expression coréférente à l'expression-cible. Traditionnellement, les algorithmes de résolution de la coréférence parcourent le texte de gauche à droite pour trouver les expressions-cibles et ensuite de droite à gauche à partir d'une expression-cible à la recherche des candidats. Cette démarche est parfaitement justifiée dans le contexte de la résolution des anaphores pronominales : en effet, dans le très large majorité des cas les pronoms ont leur antécédent dans le texte qui les précède. Dans notre travail, la chose est moins sûre. Puisque nous ne cherchons pas à coréférer uniquement des pronoms avec leur antécédent, les expressions-cibles ne sont pas limitées à une seule catégorie grammaticale, et de fait peuvent être des premières mentions d'une entité nommée : dans ces circonstances, il n'est pas clair qu'une recherche vers la gauche soit la meilleure façon de procéder.

On pourrait avancer que les textes de notre corpus contiennent des pronoms dont on devra trouver les antécédents, et que dans les cas où les expressions-cibles sont des pronoms une recherche de droite à gauche serait justifiée ; mais dans les faits, les pronoms ne font, dans notre corpus, que très rarement partie d'une chaîne[1].

	dans chaines	total	P
NPR	1929	2611	0,74
NCOM	739	9883	0,07
PRON	836	2357	0,35
	3504	**14851**	

Tableau 5.2 – Probabilité de faire partie d'une chaîne pour chaque type d'-expression

Le tableau 5.2 donne pour chaque type d'expression le nombre faisant partie d'une chaîne et le nombre total dans le corpus ; on peut calculer à partir de ces valeurs une probabilité, pour une expression d'une type donné, de faire partie d'une chaîne de coréférence. On remarque tout de suite que le nombre de pronoms faisant partie d'une chaîne semble anormalement bas ; outre l'existence de pronoms impersonnels, qui ne font partie d'aucune chaîne de coréférence, il faut savoir qu'un nombre important de pronoms trouvent leur antécédent dans des expressions ne référant pas à des entités nommées, et qui conséquemment ne sont pas annotés dans notre corpus.

Par ailleurs, une très faible proportion des noms communs fait partie de nos chaînes de coréférence : considérer chacun d'entre eux comme une expression-cible à partir de laquelle on devrait rechercher des expressions coréférentes nous paraît risqué, étant donné que cela donnerait à l'algorithme de nombreuses occasions de générer des faux positifs...

Le seul type d'expression qui nous semble propice à servir de point de départ à la constitution des chaînes de coréférence est donc le nom propre.

---

[1] D'une part, plusieurs pronoms personnels sont coréférents à des expressions ne référant pas à une entité nommée (et donc qui n'est pas annotée comme faisant partie d'une chaîne dans notre corpus), et aussi il existe plusieurs cas de *il* impersonnel.

En plus du fait que la majorité d'entre eux fait partie d'une chaîne (donc sont suivies d'expressions qui leur sont coréférentes), la plupart de ceux qui sont dans une chaîne y occupent la position de tête : des 683 chaînes de notre corpus, 555 (81%) ont un nom propre en tête. Les têtes des 128 autres chaînes sont dans presque tous les cas[2] des noms communs apposés à un nom propre, qui donc le précèdent immédiatement.

Reste à déterminer dans quel sens la recherche de candidats devra être effectuée à partir des expressions-cible. Nous avons vu, au chapitre 4, et plus précisément dans le tableau 4.4, «Moyenne des distances inter-maillons», que les distances entre les expressions adjacentes dans une chaîne, lorsqu'une d'entre elles est un nom propre, sont moins grandes à la droite de ce dernier qu'à sa gauche - les expressions dans les paires NPR-NCOM et NPR-PRON sont plus rapprochées que dans les paires NCOM-NPR et PRON-NPR. Si cette proximité traduit une certaine forme de dépendance, il semble plus avisé d'opter pour une recherche «vers l'avant» des candidats - ce qui d'ailleurs converge avec notre approche, puisque ce sont des reprises que l'on recherche, et non pas des antécédents.

5.4 Implémentation

Dans la section précédente nous avons formulé quelques considérations à prendre en compte dans l'élaboration de notre algorithme de résolution ; ici nous décrivons plus en détail son fonctionnement, et présentons *Arcen* (pour *Algorithme de Résolution des Coréférences d'Entités Nommées*), qui consiste en l'implémentation de cet algorithme dans une librairie java.

---

[2]Une évaluation sommaire effectuée «à main levée» sur 9 textes du corpus relève quelques cas où ni un nom propre, ni une apposition ne sont en tête d'une chaîne ; projetés sur l'ensemble du corpus, le nombre de ces cas équivalait à un peu moins de 1% de toutes les chaînes. Un exemple de ces cas est le suivant :

(5.6) Tout en préconisant, **lui** aussi, une poursuite des pressions sur Pretoria, **le premier ministre canadien**, **Mr Brian Mulroney**, a jugé que la récente libération de prisonniers politiques et d'autres initiatives prises par le nouveau président sud - africain, n'étaient pas insignifiantes. (monde3886)

5.4.1 Vue d'ensemble du processus

Les éléments du texte sur lesquels s'appuie l'algorithme sont les noms propres : à partir de chacun d'eux, on cherche d'autres noms propres identiques dans le texte, avec lesquels on construit des chaînes de coréférence élémentaires. On s'appuie aussi sur les noms propres pour détecter les noms communs qui sont leur attribut ou avec lesquels ils entretiennent une relation d'apposition, qu'on ajoutera éventuellement eux aussi aux chaînes de coréférence. À partir des ébauches de chaînes ainsi constituées par un ensemble de règles, composées des noms propres et de quelques noms communs, on continue la recherche en adoptant cette fois-ci une approche par classification automatique : pour chaque expression entre deux maillons d'une chaîne dans les chaînes partielles, on construit une paire avec le maillon de gauche et cette expression. Cette paire est soumise à un classifieur qui détermine si on doit ajouter l'expression à la chaîne de coréférence, entre les deux maillons.

Cette procédure parcourt les noms propres du texte de gauche à droite, construisant les chaînes de manière incrémentale. Une version un peu plus formelle que la description qui précède est présentée en 5.4.1. Dans cet algorithme, on ignore les annotations permettant de retracer les liens de coréférence entre expressions (*i.e* l'attribut IDREF de la balise EXPRESSION), mais on les utilise toutefois dans la phase d'entraînement pour constituer des paires positives ; durant la classification, la procédure qui consiste à *coréférer* deux expressions ajoute simplement la seconde à la chaîne dont la première fait partie.

On remarquera qu'il y a trois possibilités de traitement des instances positives retournées par les classifieurs : premièrement, la méthode la plus répandue (Ng & Cardie (2002), Soon et al. (2001)), qui prend simplement la première paire positive (*i.e*, la paire la plus proche) retournée par le classifieur ; deuxièmement, une méthode qui privilégie le score (la probabilité de coréférence) à la proximité ; et enfin, une méthode où on ajoute aux chaînes toutes les expressions considérées positives. Ces trois configurations seront évaluées à tour de rôle ; d'emblée, on peut avancer que l'option c aura un rappel plus élevé, au dépens certainement de la précision.

Afin d'avoir une idée plus claire du fonctionnement de l'algorithme, prenons l'exemple de l'extrait suivant :

(5.7) **Jean-Pierre Changeux** est biologiste, **Alain Connes** mathématicien. Le premier est l'auteur d'un travail - **l'Homme**

Données : expressions-cibles (EC) : tableau d'expressions, contient initialement tous les noms propres du texte

pour chaque *élément ec_i dans* EC **faire**

    si *ec_i est un* NPR **alors**
        Détecter le prochain NPR identique, coréférer Détecter les appositions, coréférer, ajouter à EC Détecter les attributives, coréférer, ajouter à EC

    si *ec_i précède une ec_j dans la même chaîne* **alors**
        Extraire les candidats entre exp_i et exp_j
    sinon
        Extraire les candidats entre exp_i et la fin du texte

    Filtrer les candidats

    pour chaque *candidat ca_k* **faire**
        Créer instance avec chaque élément de la chaîne et ca_k, soumettre au classifieur
        Ajouter aux **positifs** les cas où $P_{Coref} < P_{Non-coref}$

    Coréférer exp_i avec **c** et ajouter **c** à EC si **c** est dans **positifs** et
        Option a : c = l'expression le plus proche de exp_i
        Option b : c = l'expression de valeur maximale pour P_{Coref}
        Option c : toute expression dans **positifs**

Algorithme 1 : Algorithme de la résolution des coréférences d'entités nommées

neuronal - qui fut un best seller ; le second est l'un des rares Français à avoir obtenu **la médaille Fields**, équivalent du **prix Nobel** dans sa spécialité. (...) Les arguments avancés par **Jean-Pierre Changeux** pour expliquer comment les concepts mathématiques actuels sont le produit d'un long travail et d'une sorte de sélection naturelle des idées tendent en effet à consolider l'hypothèse selon laquelle les mathématiques seraient à la fois un produit du cerveau et l'une des meilleures voies d'accès à la compréhension de son fonctionnement. (monde2654)

La première étape consiste à créer la liste des expressions-cibles EC à partir de tous les noms propres, en gras dans le texte. Cette liste contient les éléments sur lesquels est lancée chaque itération subséquente de l'algorithme, et elle est modifiée au cours du traitement selon les coréférences détectées par le système. À la première itération, l'algorithme se positionne sur la première expression-cible exp_0 (*Jean-Pierre Changeux*) ; on recherche d'abord les noms propres identiques : la seconde occurrence de *Jean-Pierre Changeux* sera ajoutée à la chaîne de coréférence et à EC, en respectant l'ordre des expressions dans le texte. Ensuite la détection de coréférences par règles, plus précisément de constructions attributives, renvoie *biologiste*, qu'on ajoute à une chaîne dont la tête est *Jean-Pierre Changeux*, et qu'on insère dans EC entre exp_0 et exp_1 (*Alain Connes*). Ensuite, on cherche à créer des paires d'expressions à soumettre aux classifieurs : la première expression coréférente qui suit notre expression-cible *Jean-Pierre Changeux* est celle qu'on vient d'ajouter, *biologiste* ; puisqu'il n'y a aucune expression intermédiaire entre elles, on ne crée pas d'instance.

L'itération suivante se positionne sur exp_1, *biologiste*. Puisque cette expression n'est pas un nom propre, on n'applique pas les règles de détection. On délimite ensuite la fenêtre de recherche de candidats comme le segment de texte entre l'expression-cible et l'expression qui la suit dans la chaîne constituée jusqu'ici, donc toutes les expressions entre *biologiste* et la seconde occurrence de *Jean-Pierre Changeux*. Ensuite on construit une paire pour chaque candidat et chaque maillon de la chaîne qui le précède : ce faisant on ignore les expressions qui font partie de EC ; on aura donc l'ensemble de paires suivant :

(5.8) PE = {Jean-Pierre Changeux - mathématicien,
 biologiste - mathématicien,

Jean-Pierre Changeux - le premier,
biologiste - le premier,
...,
biologiste - les arguments}

Ces instances sont soumises aux classifieurs afin d'obtenir une probabilité de coréférence pour chacune d'entre elles. Selon l'option de traitement des résultats choisie, on ajoutera une ou des expressions à la chaîne *Jean-Pierre Changeux - biologiste - Jean-Pierre Changeux*, et autant d'expressions dans la liste des expressions-cible.

L'algorithme de résolution de la coréférence présenté ici accomplit deux tâches bien distinctes : premièrement, prédire l'existence d'une relation de coréférence entre deux expressions, soit sur la base de règles ou par des méthodes d'apprentissage automatique; et deuxièmement, construire les chaînes en se basant sur les liens de coréférence entre des paires d'expressions. En ce qui a trait à ce dernier point, tout n'est pas permis : nous avons en effet vu au chapitre 2 que la propriété de transitivité est centrale à la notion de coréférence; conséquemment, on doit en tenir compte lors de la construction des chaînes. C'est le cas avec notre méthode : en effet les paires sont toujours constituées à partir d'un nom propre seul ou de n'importe quelle expression faisant déjà partie d'une chaîne, élément sur lequel on se base pour rechercher une expression parmi celles qui ne sont ni un nom propre, ni comprises dans une chaîne.

Une telle façon de faire a cependant un inconvénient : les erreurs engendrent d'autres erreurs. En effet, si, assez tôt dans le traitement, on ajoute à une chaîne une expression erronée, on tentera plus tard à partir de cette dernière de détecter d'autres expressions coréférentes, qui seront très probablement elles aussi des erreurs; et ainsi de suite. C'est pour cette raison que dans les diverses heuristiques que nous appliquons nous favorisons la précision au dépens du rappel, quitte à «oublier» quelques coréférences. Cette préoccupation explique aussi en partie que les premières étapes du traitement soient la recherche de noms propres et l'application des règles : en effet nous avons remarqué au chapitre précédent que les noms propres coréférents sont beaucoup plus similaires, peu importe la mesure choisie, que les autres paires d'expressions; cette caractéristique permet d'avoir une précision très élevée lors de leur détection. Quant aux règles, il est relativement simple de les modifier pour mieux contrôler le compromis précision/rappel, ce qui n'est pas le cas avec les classifieurs.

Dans les sections suivantes nous allons présenter de manière plus détaillée chacune des étapes de cet algorithme et ferons une évaluation sommaire de leur performance.

5.4.2 Environnement logiciel

L'algorithme est implémenté en Java 1.5.0 ; nous utilisons aussi la librairie WEKA 3.6.1 (http ://www.cs.waikato.ac.nz/ml/weka/, Witten & Eibe (2005)) pour l'implémentation des classifieurs et l'évaluation paire par paire des résultats, ce qui permet de comparer plusieurs types de classifieurs différents - bayésien naïf, arbre de décision C4.5 et quelques variations sur ces deux types.

5.4.3 Coréférence entre noms propres

La première étape de la boucle, qui consiste à détecter les noms propres identiques à l'expression-cible courante, ne s'appuie pas sur une stricte égalité des chaînes de caractères. En effet un tel critère serait trop restrictif, et ce pour trois raisons : premièrement, certains noms propres peuvent être déterminés, comme les toponymes (*la Bulgarie, les Baléares*) ou les noms d'organisations et d'entreprises (*le Parti Socialiste, le Crédit Lyonnais*) ; or ces déterminants peuvent être absents dans certaines constructions, notamment les compléments prépositionnels (*le président du Parti Socialiste*). Deuxièmement, selon que le nom propre soit en début de phrase ou non, le déterminant pourra ou non avoir une majuscule. Enfin, dans tout corpus on retrouve des erreurs typographiques mineures, en particulier avec les noms propres d'origine non-francophone (*Baryshnikov, Baryschnikov*).

La procédure qui détecte ces noms propres (quasi-) identiques se base sur l'indice de Levenshtein calculé sur deux expressions, et la comparaison ne tient pas compte de la casse. Pour tous les textes de notre corpus, la recherche de noms propres identiques génère la comparaison de 3222 paires d'expressions. Pour une recherche d'expressions strictement identiques, la distance de Levenshtein entre les deux devrait être de zéro : avec ce critère, on parvient à détecter correctement 1948 noms propres sur l'ensemble de notre corpus, et de ce nombre aucun ne constitue une erreur. Cependant comme nous l'avons mentionné plus haut, il est souhaitable de faire preuve d'une certaine tolérance envers les erreurs typographiques : on recherche donc des noms propres dont l'indice de Levenshtein est inférieur ou égal à 1 ; enfin, pour s'assurer que cet indice ne caractérise que les erreurs, et non les variations propres aux déterminants (avec ou sans majuscules, présents ou absents), la comparaison porte sur les expressions dont on ignore le déterminant. On détecte ainsi 2126 des 3222 noms propres en reprise (67%) ; cependant on génère un peu de bruit puisque 42 faux positifs sont ainsi retournés. Heureusement, tous, à une exception près, sont des acronymes (e.g. *la RDA - RFA*), donc aisément détectables. Le seul faux positif «légitime» est constitué de la paire *l'Iran - l'Irak*.

5.4.4 Appositions

Après la recherche de noms propres identiques à l'expression-cible, on tente de déterminer si cette dernière fait partie d'une apposition, afin d'établir un lien de coréférence entre elle et l'expression qui lui est apposée.

La détection des appositions n'est pas un problème trivial : ne faisant l'objet d'aucune règle grammaticale stricte, sa définition pose déjà un problème théorique ; et d'un point de vue pratique, le seul élément dont on puisse dire qu'il en est la marque est la virgule, qui apparaît dans bien d'autres contextes que celui des appositions. Notre objectif ici n'est cependant pas de définir une méthode qui permette de détecter toutes les appositions d'un texte mais plutôt d'en repérer un petit nombre avec une grande précision.

Nous nous sommes basé sur le travail présenté dans Soon et al. (2001), qui dans le cadre du développement d'un système de résolution de la coréférence ont défini une heuristique visant à détecter les appositions. Dans leur approche, la relation d'apposition est postulée lorsque deux expressions satisfont l'ensemble de critères suivant[3] :

(5.9) Pour deux expressions e_1 et e_2 :
  1. il n'y a aucun verbe entre e_1 et e_2
  2. il n'y a aucune expression nominale entre e_1 et e_2
  3. e_1 est immédiatement suivi d'une virgule
  4. e_1 ou e_2 doit être un nom propre
  5. e_2 doit être défini ou indéfini

Tous ces critères doivent être satisfaits pour qu'il y ait une apposition ;

---
[3]on notera que les auteurs travaillent sur des textes anglais, plus spécifiquement les corpus MUC-6 et MUC-7.

les auteurs ne donnent toutefois pas d'indications sur la qualité des résultats obtenus.

Pour évaluer l'ensemble de critères de Soon et al. (2001) nous les avons appliqués sur 10 textes de nouvelles extraits du corpus du *Monde* dont les mots ont été syntaxiquement étiquetés, et où les appositions ont été manuellement annotées (il y en a 39). Chaque texte est parcouru du début à la fin, et pour chaque paire d'expressions nominales adjacentes on vérifie si elles satisfont les critères. Nous utilisons les mesures de *précision* (P) et de *rappel* (R) comme métrique ; rappelons que le rappel est défini ici comme le nombre de vraies appositions détectées divisé par le nombre total d'appositions dans le texte, et que la précision correspond à la proportion de vraies appositions parmi toutes les réponses retournées (on peut détecter des fausses appositions). On obtient, pour cet ensemble de critères sur notre corpus, des scores de P = 21% et R = 53%, ce qui semble plutôt bas ; 93 segments de texte sont retournés. On peut regrouper les erreurs en quatre classes distinctes :

A- **Fausse apposition**
Prenant la parole à *Vilnius, le dirigeant soviétique* a annoncé ...
Dimanche, plusieurs centaines d'Azéris ont manifesté ...
B- **Syntagme complexe**
Une société de *l'homme d'affaires italien, Videotime*
Le ministre des *affaires étrangères, Mr Mahmoud Vaezi*
C- e_2 **est introduit par une préposition**
La gestion était confiée à *Publiespana, tandis que la production* des programmes revenait à ...
Mr Gilles Boulouque, dans le secret de son cabinet ...
D- e_2 **est précédé d'un complémenteur**
Il apparaît ainsi, d'après *les spécialistes occidentaux , que la Roumanie*

On remarque que les erreurs de type A, C et D sont des erreurs de précision (*i.e* des fausses appositions sont retournées) ; cependant le type B est à la fois une erreur de précision et de rappel : l'expression nominale retournée n'est pas une apposition, mais le fait de considérer l'adjoint prépositionnel d'un groupe nominal comme première partie d'une apposition empêche la détection de la vraie apposition, qui inclut la tête de ce groupe nominal.

Nous avons modifié l'ensemble de critères d'origine pour corriger certaines de ces erreurs.

Les contraintes 1 et 2 ne semblent pas assez fortes : en effet les erreurs de type C et D montrent que la présence de certains éléments autres que verbaux ou nominaux entre e_1 et e_2 rend impossible une apposition. Ces éléments correspondent à des limites syntaxiques : en C, la préposition introduit un adjoint, en D le complémenteur introduit une subordonnée. Les contraintes 1 et 2 ont donc été modifiées pour spécifier explicitement les catégories possibles des mots entre e_1 et e_2 : il ne peut y avoir que des déterminants, des adjectifs ou des quantificateurs entre les deux expressions. Aussi, une autre modification consiste à tenir compte des adjoints prépositionnels lors de la détection des appositions, de sorte que ce soit la tête d'un syntagme complexe plutôt que son complément (comme en B) qui soit détecté.

Ces modifications améliorent considérablement les résultats : sur les 39 appositions présentes dans nos 10 textes, 37 sont détectées (R=95%) ; cependant la précision demeure assez faible (P=40% - il y a 56 faux-positifs). Dans certains contextes on pourrait se satisfaire d'un rappel élevé ; mais ici, comme nous l'avons mentionné plus haut, les erreurs en début de traitement ont des conséquences sur la suite ; on souhaite donc éliminer le plus grand nombre de faux-positifs en minimisant l'impact sur le rappel.

Les deux causes les plus importantes du bruit dans ces résultats sont relativement simples à éliminer. La première vient de ce que les expressions en deuxième partie d'une apposition sont très fréquemment (et dans la totalité des cas lorsqu'elles sont des noms propres) suivies d'une virgule, chose qui n'est pas prise en compte dans les critères ci-haut :

(5.10) **apposition vraie**
(...) la gestion publicitaire était confiée à *une filiale de Fininvest, Publiespana*, tandis que la production de programmes (...) (monde 1135)
erreur
Pour *la première fois de son histoire, Nixdorf* décidait donc, en août dernier, de ne pas verser de dividende à ses actionnaires. (monde1298)

La prise en compte de ceci permet d'éliminer 16 faux-positifs. Une autre cause d'erreurs provient plus de la façon dont la détection des appositions est implémentée plutôt que de la nature des informations auxquelles on l'associe dans le texte. En effet, la simple recherche de patron, comme nous l'avons fait jusqu'ici, ne permet pas de prioriser certaines structures plutôt que d'autres : toutes les concordances détectées sont retournées. Le résultat est notamment que plusieurs faux-positifs seront détectés en présence d'un SN complexe : pour un énoncé comme dans l'exemple suivant, on détecte deux appositions :

(5.11) Un avocat qui fut membre de l'ancien Parti libéral, Mr Milena Marmeliuc, a, d'autre part, été nommé ministre du travail. (monde1872)
 a. membre de l'ancien Parti libéral, Mr Milena Marmeliuc,
 b. l'ancien Parti libéral, Mr Milena Marmeliuc,

Nous avons donc implémenté notre méthode de détection d'une façon qui permette de déterminer un ordre d'application aux critères ; il s'agissait ensuite de donner une plus haute priorité aux SN complexes qu'aux SN simples. De cette manière 23 faux-positifs ont pu être éliminés.

Le dernier ajustement est celui qui a l'effet indésirable le plus prononcé ; en effet, alors que les modifications précédentes n'ont aucun impact sur le rappel, celle-ci bloque la détection de 9 bonnes appositions. Il s'agit d'un filtre sur le noms propres comme premiers termes des appositions : on ignore ceux qui sont précédés d'une préposition.

(5.12) Pour le régime de *Phnom Penh, le bilan des combats* depuis le retrait militaire vietnamien n'est pas encore inquiétant. (monde1745)

(5.13) Cinquième opération d'importance en un peu plus d'un an pour *Siemens, numéro deux de l'industrie ouest-allemande* (monde1298)

Cette contrainte permet d'éliminer un plus grand nombre de faux-positifs (5.12) qu'elle ne bloque de vraies appositions (5.13).

Les patrons de recherche d'appositions, avec nombre de cas positifs qu'il parviennent à détecter parmi les 37 appositions de nos dix textes, sont donc les suivants :

1. SN *de* SN [virgule] NPR [virgule] (13 positifs)
2. SN [virgule] NPR [virgule] (4 positifs)
3. NPR non adjoint [virgule] SN *de* SN (6 positifs, 2 négatifs)
4. SNPR non adjoint [virgule] SN (5 positifs)

Ces patrons, qui sont au final ceux utilisés dans l'algorithme, permettent d'atteindre une précision de 93% et un rappel de 76%[4].

5.4.5 Attributives

La phase suivante consiste à détecter les structures attributives où les noms propres sont en position de sujet, comme dans l'exemple suivant :

(5.14) Le Mig-23 est un appareil soviétique datant du début des années 70. (monde4601.xml)

On pourrait croire que, du fait que ces structures impliquent une relation grammaticale claire, elles seront plus faciles à détecter que les appositions ; or ce n'est pas tout-à-fait le cas. Pour plusieurs d'entre elles les expressions de la relation sont séparées par d'autres expressions intermédiaires ; tenir compte de ces cas dans la détection des attributives risque de générer un grand nombre de faux-positifs :

(5.15) Fouad Ali Saleh, trente et un ans, Tunisien né à Paris et endoctriné en Iran, est un homme calme et fanatique. (monde1808)

On se limitera donc à détecter les cas où les deux expressions sont immédiatement adjacentes au verbe. La seconde contrainte, évidemment, touche les verbes : ils doivent partie de la classe des verbes d'état. La recherche se fait en appliquant le patron suivant sur toutes les paires successives d'expressions nominales :

1. NPR-sujet *verbe d'état* NCOM

Il est important de noter que les constructions de ce type sont très rares : dans les 80 textes du corpus, le patron permet de détecter 7 cas seulement. La raison de cet état de fait est probablement reliée à des questions de style :

---

[4]Il aurait été possible de les formuler légèrement différemment de sorte que P=100% ; en contrepartie, le rappel aurait sensiblement baissé (59%). Nous croyons que cela n'en vaut pas tellement la peine : en effet, la précision de 100% est ici obtenue à partir de 10 textes ; dans le corpus qui en contient 79, il y a fort à parier que des cas absents des 10 textes fassent baisser cette valeur.

en effet, d'autres constructions ayant le même effet sémantique, *i.e* relier une épithète ou un substantif à un nom propre, sont beaucoup plus fréquentes, comme les appositions (que nous avons vues plus haut), ou les subordonnées (5.16) ; aussi d'autres verbes comme *se montrer, former, consister en* sont souvent utilisés à la place des verbes d'état avec le même effet.

(5.16) Nixdorf, qui fut pendant des années une des valeurs fétiches de la Bourse avant de plonger dans le rouge en 1988 (...) (monde1298)

La question se pose donc de savoir pourquoi on recherche les attributives si elles sont à ce point rares... d'autant plus que l'existence d'une telle relation entre un sujet et un attribut ne correspond pas toujours clairement à une relation de coréférence, en particulier lorsque l'attribut est un indéfini :

(5.17) Herbert Wehner était un pur Saxon. (monde163)

Il y a deux raisons : premièrement, il n'est pas exclu que l'expression ayant la fonction d'attribut puisse se retrouver dans une autre expression de la même chaîne (*Le MiG-23 est un appareil soviétique (...) cet appareil*) ; en second lieu, cela permet de supprimer quelques expressions de plus de l'ensemble des candidats.

5.4.6 Classifieurs

Notre algorithme, nous l'avons vu plus haut, tire profit de deux approches rarement utilisées ensemble dans le domaine de la résolution des coréférences, à savoir les méthodes symboliques et les méthodes probabilistes. Les premières impliquent généralement un travail d'expertise consistant à formuler un ensemble d'observations sur les données qui seront par la suite formalisées dans des règles, des contraintes ou des patrons. Nous utilisons une telle approche en deux endroits de notre système de résolution : la constitution des «squelettes» de chaînes de coréférence à partir des noms propres et expressions apposées, et le filtrage des expressions d'après les heuristiques de Vieira & Poesio (2000).

La détection des noms communs et pronoms dans les chaînes est le résultat d'une classification automatique réalisée à l'aide de la boîte à outils WEKA. Lors de la résolution, on cherche à apparier des expressions nominales à des chaînes déjà constituées : on construit donc des paires d'expressions dont un terme est une expression faisant partie d'une chaîne et l'autre est une expression «libre». C'est un ensemble de propriétés (qu'on nomme *instance*), dont on juge qu'elles caractérisent adéquatement la paire d'expressions, qui sera soumise au verdict du classifieur. Une de ces propriétés (la *classe*) correspond aux valeurs possibles qu'on veut obtenir du classifieur ; la tâche de ce dernier, en fait, consiste donc à prédire la valeur d'une des propriétés à partir de toutes les autres. Dans notre cas, la classe est une propriété «coref», qui peut avoir deux valeurs, V ou F.

Propriétés

Comme on s'en doute, le choix des propriétés qui composeront les instances est directement relié à la qualité des résultats obtenus. Ce que l'on cherche, c'est un ensemble de propriétés qui soient corrélées, de manière plus ou moins stricte, avec chacune des valeurs possibles de la classe. Les propriétés suivantes, qui sont celles que nous utilisons, découlent directement des observations du chapitre 4.

1. **Distance linéaire** (nombre entier)
   La distance entre les deux expressions de la paire, mesurée elle même comme le nombre d'expressions qui les séparent.
2. **Distance de Levenshtein** (nombre entier)
   Indice de Levenshtein pour les deux expressions. Les déterminants et les particules *Mr, Mme* sont exclus du calcul.
3. **Mots en commun** (nombre entier)
   Nombre de mots que l'on retrouve dans les deux expressions de la paire, déterminant et particules exclues.
4. **Même tête syntaxique** (v/f)
   Le fait que les deux expressions de la paire aient la même tête syntaxique. La méthode pour détecter celle-ci s'appuie sur l'annotation TILT : on cherche, dans l'expression constituée de plusieurs mots (les *terminaux*), lequel d'entre eux ne dépend d'aucun des mots de l'expression.
5. **Parallélisme** (v/f)
   Vrai si les deux expressions sont des sujets grammaticaux.
6. **Accord en genre** (v/f)
   L'annotation TILT du genre correspond aux trois traits { ?, MASCULIN,

FÉMININ}, et toutes leurs combinaisons sont possibles (*cf.* Chapitre 4, section 4.2.3). On considère ici que le genre des expressions concorde dès qu'il n'y a pas de contradiction entre MASCULIN et FÉMININ, *i.e.* on retourne «faux» si on retrouve MASCULIN dans une expression et FÉMININ dans l'autre, et «vrai» dans tous les autres cas.

7. **Accord en nombre** (v/f)
    Les trois traits de nombre dans l'annotation sont { ?, SINGULIER, PLURIEL}, et la seule combinaison possible est SINGULIER/PLURIEL. On considère que cette combinaison et la valeur «?» s'accordent avec tout : leur présence dans n'importe laquelle des deux expressions retourne «vrai» ; on retourne donc «faux» uniquement lorsqu'une expression est SINGULIER et l'autre PLURIEL.
8. **Déterminant de la reprise** (défini/démonstratif/indéfini/possessif/NUL)
    Le type de détermination de la deuxième expression de la paire. La valeur nulle est retournée pour les expressions non déterminées et le pronoms.
9. *e1* **sujet** (v/f)
    Vrai si la première expression a la fonction de sujet grammatical.
10. *e1* **premier sujet** (v/f)
    Vrai si la première expression est le sujet le plus près qui précède la seconde expression de la paire.
11. **Verbe d'état** (v/f)
    Vrai s'il y a un verbe d'état dans le texte qui sépare les deux expressions.
12. **Apposition** (v/f)
    Vrai si les deux expressions sont en relation d'apposition, telle que décrite plus haut (critères en 5.4.4) dans le présent chapitre.

Un seul vs. plusieurs classifieurs

Les méthodes de résolution de la coréférence adoptant une approche d'apprentissage machine utilisent un seul classifieur pour détecter les paires coréférentes ; or nous avons montré au chapitre 4 que les indicateurs de coréférence ne sont pas les mêmes pour toutes les catégories d'expressions. Par exemple, la distance entre deux expressions coréférentes, si la reprise est un pronom, est généralement beaucoup plus petite qu'entre deux noms communs ; ou encore, il est inutile de se baser sur la similarité entre deux chaînes de caractères si une des deux est un pronom ; etc.

Notre approche se distingue des autres par le fait que plusieurs types de classifieurs sont utilisés : il y en a un pour chaque combinaison possible des catégories d'expressions (NPR, NCOM, PRON) dans les paires, soit 9 au total. Tous utilisent le même vecteur. Si cela peut sembler contradictoire avec la justification de l'utilisation de plusieurs classifieurs, *i.e.* le fait que la pertinence des indicateurs varie selon le type des expressions en jeu, il faut préciser que le type de classifieur utilisé (J48, une variante des arbres de décision C4.5) ne souffre pas de la présence de propriétés «inutiles», puisque les variables non-significatives font l'objet d'un élagage («pruning») qui les élimine de la structure de décision.

5.5 Entraînement

L'algorithme d'entraînement est similaire à celui que l'on utilise pour la classification, à cela près qu'il n'a pas pour tâche de construire les chaînes de coréférence - elles sont déjà disponibles. La procédure est conséquemment un peu plus simple : pour chaque chaîne c_i, on recherche les maillons adjacents e_j et e_{j+1}, avec lesquels on construit une paire positive ; ensuite, pour chacune des expressions entre e_j et e_{j+1} dans le texte, si elle survit au filtrage on construit un paire négative avec elle et e_j.

Données : Tableau C des chaînes de coréférence

pour chaque *chaîne c_i dans* C **faire**

    pour chaque *expression exp_j dans c_i* **faire**
        Construire une paire positive avec exp_j et l'expression exp_{j+1} qui la suit dans la même chaîne
        Extraire les expressions candidates EC entre exp_j et exp_{j+1}
        Filtrer les candidats dans EC

        pour chaque *expression ce_k dans* EC **faire**
            Créer instance négative avec exp_j et ce_k

    Soumettre toutes les instances créées aux classifieurs appropriés

Algorithme 2 : Algorithme d'entraînement des classifieurs

On essaie donc ici de reproduire les caractéristiques de l'algorithme de classification, à savoir l'espace de recherche déterminé par les maillons adjacents dans les chaînes, et le filtrage des candidats entre ces maillons. On peut en effet supposer que plus les conditions d'entraînement se rapprocheront des conditions de classification, meilleur seront les résultats obtenus.

5.6 Évaluation et résultats

Il y a dans notre travail deux ensembles de résultats différents : premièrement, celui qui est relié à la performance générale du système, qui concerne en fait la qualité des chaînes construites par notre algorithme à partir des paires d'expressions classées coréférentes. Ensuite, il faut aussi évaluer la classification comme telle des paires d'expressions : dans ce cas, on se concentre uniquement sur les résultats retournés par les classifieurs.

5.6.1 Base de référence : Soon et al. (2001)

Comme mesure de référence, nous nous sommes basés sur l'algorithme de Soon et al. (2001) ; nous n'avons cependant pas repris tels quels les résultats présentés dans cet article, mais plutôt ceux résultant de notre propre implémentation de leur algorithme. La raison de ceci est que nous croyons qu'une comparaison utile de deux algorithmes de résolution n'est possible que si ils sont appliqués sur les mêmes données et le même schéma d'annotation. En contrepartie, l'on ne doit pas voir dans cette comparaison une critique de la méthode décrite dans Soon et al. (2001), précisément parce que ce n'est pas lui rendre justice que de l'exécuter sur des données différentes que celles qui sont utilisées dans l'expérience originale : même s'il faut établir une distinction claire en principe entre algorithme et données, dans les faits, et tout particulièrement en TAL, le premier fait souvent l'objet d'optimisations qui découlent directement de des secondes.

L'algorithme de Soon et al. (2001), si l'on exclut le fait qu'il vise la détection de toutes les coréférences d'un texte et pas uniquement celles qui touchent les noms propres, se distingue du nôtre sur quatre points : en premier lieu, les propriétés qui définissent les instances ne sont pas les mêmes que les nôtres ; ensuite, il utilise de façon exclusive les méthodes d'apprentissage automatique pour résoudre les coréférences d'un texte - aucun filtre ni aucune règle ou contrainte ne sont appliqués sur les éléments du texte. Aussi, un seul classifieur est utilisé pour toutes les paires d'expressions à évaluer. Enfin, le texte n'est pas parcouru de la même manière : plutôt que d'essayer de détecter les reprises d'une expression, et donc effectuer une recherche de gauche à droite, on recherche ses antécédents : la recherche se fait donc de droite à gauche à partir d'une anaphore potentielle.

Les propriétés qui qualifient chacune des instances sont les suivantes (le lecteur est renvoyé à Soon et al. (2001) pour plus de détails) :

1. Distance (en nombre de phrases) qui sépare e_1 et e_2 ;
2. Le fait que e_1 soit un pronom ;
3. Le fait que e_2 soit un pronom ;
4. Identité des chaîne de caractères de e_1 et e_2 ;
5. Le fait que e_2 soit défini ;
6. Le fait que e_2 soit démonstratif ;
7. Les deux expressions ont la même marque de nombre ;
8. Les deux expressions ont la même marque de genre ;
9. Les deux expressions sont des noms propres ;
10. Les deux expressions forment une apposition ;
11. Les deux expressions ont la même classe sémantique ;
12. e_2 est un *alias* de e_1 ;

Au sujet de la dernière propriété, elle consiste en un ensemble d'heuristiques visant à déterminer si les deux expressions constituent une manière différente de désigner la même chose : par exemple, on cherche à faire correspondre les formats de dates différents ; ou encore, pour une paire comprenant un nom d'organisation ou d'entreprise, on tente de déterminer si une des deux expressions ne serait pas l'acronyme de l'autre ; etc.

Dans notre implémentation de cet algorithme, il est une propriété que nous n'avons pas pu récréer exactement comme dans la version originale : il s'agit de l'appartenance à la même classe sémantique. Dans Soon et al. (2001), on s'appuie sur les relations qui existent entre les deux expressions dans WORDNET pour déterminer si elles sont de même classe sémantique ; dans notre cas, il nous a été impossible de reproduire cette manière de procéder, car nous n'avons pas accès à la version française de WORDNET dans le cadre de cette recherche. Cependant les annotations ajoutées par le traitement TILT comprennent certains traits sémantiques ; mais ceux-ci ne sont toutefois pas attribués à tous les nominaux. Nous nous sommes tout de même basés sur ces traits et sur ceux provenant de notre annotation manuelle pour attribuer une valeur à la propriété de classe sémantique.

La phase d'entraînement de cet algorithme est plutôt similaire à notre propre façon de faire : il s'agit, pour chaque paire constituée des expressions adjacentes e_i et e_{i+1} dans une chaîne, de créer une instance positive ; ensuite, pour chaque expression du texte entre elles, de créer une instance négative. La différence avec notre propre algorithme d'entraînement cependant est qu'ici, les paires négatives sont construites à partir de e_{i+1} et l'expression intermédiaire, ce qui découle du fait que le texte soit parcouru de droite à gauche et non de gauche à droite.

Lors de la phase de classification cependant, la méthode de Soon et al. (2001) diverge sensiblement de la nôtre en ce qu'elle ne tente pas de reconstruire les chaînes à partir des paires classées coréférentes. Ceci a pour effet qu'il n'y a pas de limites autre que celle du début du texte pour la recherche de l'antécédent : pour une expression donnée, potentiellement anaphorique, on recherche son antécédent parmi toutes les expressions-candidates qui précèdent, et on arrête la recherche dès qu'un candidat est classé coréférent. Le nombre d'instances constituées est donc considérablement plus élevé lors de la classification que durant l'entraînement.

En plus de la version originale de l'algorithme de Soon et al. (2001), nous évaluons aussi une version «à plusieurs classifieurs» de celui-ci, afin de voir s'il existe une différence significative entre les résultats de ces deux approches. Ceci a cependant pour effet d'ajouter une légère complexité au mécanisme de recherche de l'antécédent : en effet on se retrouve, pour une expression donnée, à mettre en compétition trois classifieurs. Dans l'exemple suivant (5.18), si on recherche l'antécédent du *il* de la deuxième phrase, jusqu'à trois classifieurs peuvent être utilisés, un pour chaque type de paire dont le pronom est le second élément (NPR-PRON, NCOM-PRON, PRON-PRON) :

(5.18) Le général Michel Aoun, premier ministre en exercice dans le secteur chrétien du Liban, a rejeté catégoriquement, dimanche 22 octobre, le pacte de Taëf censé jeter les fondements de la Deuxième République libanaise. Plus exactement, **il** en a rejeté les chapitres relatifs à la souveraineté nationale, ce qui signifie, en clair, au stationnement des troupes syriennes au Liban. (monde3328)

On aura, par exemple, des paires NPR-PRON pour *{la Deuxième République libanaise - il}*, *{le pacte de Taëf - il}* ; des paires NCOM-PRON pour *{les fonde-*

ments - il}, {le secteur chrétien - il} ; etc. Puisqu'il y a plus d'un résultat possible, on se doit de définir un critère de sélection : comme nous l'avons vu plus haut, les deux possibilités les plus simples sont de sélectionner le candidat soit sur la base du score de classification, soit sur sa proximité à l'expression-cible. Dans un cas comme dans l'autre, on se doit d'attendre que chacun des classifieurs ait retourné un résultat. Lorsque c'est le cas, on détermine l'antécédent selon notre critère de sélection et on fait une paire positive avec cet antécédent et l'expression-cible ; les paires négatives seront quant à elles celles qui ont été construites par le classifieur ayant retourné l'instance positive - donc, si l'antécédent *Le général Michel Aoun* est détecté pour le pronom, les paires négatives seront exclusivement de type NPR-PRON.

Au final, nous évaluons donc cinq algorithmes, soit trois variantes de notre «baseline» et deux de notre propre algorithme de résolution :

1. Soon original
2. Soon multiclassifieurs - proximité de l'antécédent
3. Soon multiclassifieurs - probabilité maximale
4. Arcen - proximité de la reprise
5. Arcen - probabilité maximale

5.6.2 Évaluation des classifieurs

Le premier protocole d'évaluation, une évaluation qu'on pourrait qualifier de «hors contexte», a pour but de déterminer les performances du ou des classifieurs indépendamment de leur utilisation dans les algorithmes[5] : on se base sur le classement de chaque paire constituée, et chaque type de classifieur est évalué séparément. Cette évaluation permet de quantifier conjointement deux choses : premièrement, l'ensemble des propriétés sélectionnées pour caractériser les instances, et deuxièmement la stratégie utilisée pour constituer ces instances (*i.e* le parcours du texte). La méthode consiste à entraîner les classifieurs sur l'ensemble du corpus, puis effectuer une validation croisée à 10 parties sur chacun d'entre eux. La librairie WEKA fournit les outils pour

---

[5]Évidemment, le fait de parler d'«indépendance» signifie surtout que les résultats des classifieurs sont évalués pour eux-mêmes, séparément des algorithmes de résolution ; mais il existe toujours une certaine dépendance entre les données traitées par les classifieurs et les algorithmes de résolution, en particulier pour ARCEN, puisque la méthode de collecte des données fait intervenir un filtre qui est également utilisé lors de la résolution.

mettre en oeuvre ce type d'évaluation.

Cette évaluation, puisqu'elle est basée uniquement sur les paires constituées durant l'entraînement, porte donc sur trois ensembles de données; en effet, nous avons peut-être cinq algorithmes de classification, mais la différence entre certains d'entres eux, spécifiquement, la différence entre 2 et 3 d'une part et 3 et 4 de l'autre a trait à leur fonctionnement durant la phase de classification, et les données sur lesquelles ils se basent demeurent les mêmes.

L'algorithme de classification utilisé est un arbre de décision C4.5 avec élagage (Quinlan (1993)), principalement pour la raison que c'est le type d'algorithme le plus fréquemment utilisé dans les travaux sur la résolution de la coréférence basées sur des méthodes d'apprentissage automatique. Nous avons tout de même comparé plusieurs classifieurs disponibles dans WEKA, et en plus des arbres C4.5 (dont l'implémentation sur cette plateforme est nommée *J48*), deux types de classifieurs semblent donner de bons résultats[6] : RIPPER (Cohen (1996)), un algorithme d'apprentissage de règles et LADTree, un type particulier d'arbre de décision implémentant des stratégies d'agrégation (*boosting*). Les autres algorithmes comparés sont REPTree, un arbre de décision développé pour WEKA et optimisé pour la vitesse d'apprentissage; PART, une algorithme de construction de listes de décision; et NaiveBayes, l'implémentation par WEKA d'un classifieur bayésien naïf. Le tableau 5.3 compare les résultats généraux de chacun en termes de précision (P), rappel (R) et F-mesure (F) moyens sur l'ensemble des fichiers d'entraînement, tous ensembles de données confondus; le lecteur est renvoyé à Witten & Eibe (2005), ou encore à la documentation distribuée avec la plateforme WEKA, pour plus de détails sur le fonctionnement de chacun d'entre eux.

Résultats

Les résultats dans le tableau 5.4 permettent d'affirmer deux choses principalement. Premièrement, la stratégie qui consiste à entraîner plusieurs classifieurs semble porter fruit : en effet, on note une augmentation significative du rappel entre les ensembles de données *Soon* et *Soon multiclassifieurs*; deuxièmement le vecteur d'attributs utilisé dans Soon et al. (2001) donne des résultats légèrement meilleurs, globalement, que celui d'*Arcen*.

---

[6] Du point de vue de la tâche finale qui consiste à construire les chaînes de référence, la différence dans les résultats selon que l'on utilise un de ces trois classifieurs est pratiquement nulle.

type	classifieur	P	R	F
arbre de décision	C4.5 (J48)	79,8%	51,8%	62,8%
	LADTree	81,5%	51,0%	62,6%
	REPTree	69,4%	37,6%	48,3%
règles	PART	76,7%	53,2%	62,8%
	RIPPER (Jrip)	83,7%	56,8%	67,7%
classifieur bayésien naif	NaiveBayes	64,0%	54,0%	58,5%

Tableau 5.3 – Performance globale de chaque algorithme de classification

		n paires	P	R	F
Soon	global	33224	0.83	0.35	0.50
Soon multiclassifieurs	ncom-ncom	3061	0.84	0.30	0.44
	ncom-npr	17254	1.00	0.01	0.03
	ncom-pron	705	0.00	0.00	0.00
	npr-ncom	941	0.68	0.24	0.35
	npr-npr	5142	0.99	0.82	0.90
	npr-pron	487	0.64	0.78	0.71
	pron-ncom	1173	0.00	0.00	0.00
	pron-npr	4062	0.00	0.00	0.00
	pron-pron	399	0.60	0.95	0.74
	global	33224	0.78	0.50	0.61
Arcen	ncom-ncom	2082	0.86	0.36	0.51
	ncom-npr	895	0.67	0.38	0.49
	ncom-pron	707	0.54	0.45	0.49
	npr-ncom	10962	0.88	0.09	0.17
	npr-npr	4376	0.93	0.85	0.89
	npr-pron	3705	0.52	0.38	0.44
	pron-ncom	2248	0.00	0.00	0.00
	pron-npr	828	0.00	0.00	0.00
	pron-pron	838	0.60	0.56	0.58
	global	26641	0.76	0.46	0.57

Tableau 5.4 – Évaluation des classifieurs, paire par paire

En ce qui a trait au second point, on constate que les performances sont plutôt partagées entre les deux ensembles de données si on les examine classifieur par classifieur : la classification n'est réellement meilleure pour *Soon multiclassifieur* que pour les paires NPR-NCOM, NPR-PRON et PRON-PRON.

5.6.3 Évaluation globale

Dans cette section, nous faisons l'évaluation du mécanisme de résolution de la coréférence. Celui-ci est composé de deux tâches distinctes : la détection de la coréférence entre paires d'expressions, et la construction de chaînes de coréférence à partir d'un ensemble de paires.

Dans un bon nombre de travaux portant sur la résolution de la coréférence nominale, la modalité d'évaluation proposée consiste définir des métriques (généralement la précision et le rappel) basées sur le nombre de cas bien et mal classifiés parmi toutes les paires d'expressions coréférentes qui existent dans l'espace de recherche. Nous adoptons nous aussi cette approche, mais en proposons une deuxième qui à notre avis est plus proche de notre objectif initial qui consiste à constituer des chaînes de coréférence complètes. En effet une évaluation par paires se limite à donner une idée claire et précise de la qualité de la classification, mais reste muette quant à la qualité des chaînes construites. La classification des paires d'expressions est, dans notre travail, une partie du traitement et non sa finalité.

Pour ces deux tâches nous avons séparé l'ensemble des textes en deux parties, une pour l'entraînement des classifieurs et l'autre pour la tâche de résolution, dans une proportion 66/33 ; sur les 79 textes du corpus les deux tiers (52) sont utilisés pour l'entraînement, et un tiers (27) l'est pour l'évaluation.

Évaluation paire par paire

La première partie de l'évaluation globale porte sur les paires d'expressions, mais est bien distincte de l'évaluation présentée dans la section précédente. En effet, il y était question de quantifier la performance des classifieurs, alors qu'ici l'évaluation porte sur l'ensemble de traitements permettant de déterminer si une paire est coréférente ou non : ceci inclut le travail des classifieurs, mais aussi les résultats des règles de détection des noms propres coréférents, appositions, etc., qui caractérisent la premières phases de l'algorithme de résolution. Aussi, la méthode de recherche des expressions candidates, *i.e* celles qui formeront une paire avec l'expression-cible, aura aussi un impact sur les résultats.

Les métriques utilisées sont celles du rappel, de la précision et la F-mesure. Une remarque en ce qui concerne le rappel : le nombre de paires positives réelles à détecter, sur lequel se base le calcul du rappel, correspond au nombre d'expressions faisant partie d'une chaîne de coréférence moins le nombre de chaînes de coréférence. Ceci traduit le fait qu'une expression donnée ne peut faire partie que d'une paire à titre d'expression-candidat, ce qui correspond au fonctionnement des trois algorithmes, où une expression est éliminée des candidats possibles lorsqu'elle fait partie d'une paire classée coréférente.

Résultats

Le tableau 5.5 montre les résultats obtenus pour les trois algorithmes évalués, avec la méthode de sélection du candidat basée sur la proximité ou le score maximal pour les deux algorithmes utilisant plus d'un classifieur.

algorithme	sélection	nPaires	P	R	F
Arcen	proximité	2914	86.4%	50.0%	63.3%
	P max	2996	86.7%	50.2%	63.6%
Soon multiclassif	proximité	7656	24.7%	33.7%	28.5%
	P max	7813	24.9%	34.1%	28.8%
Soon	---	408350	34.17%	54.65%	42.04%

Tableau 5.5 – Performance globale - classification des paires

Les données montrent deux choses : premièrement, on note une baisse importante des performances de l'algorithme *Soon multiclassifieurs* relativement à celles obtenues pour les classifieurs «hors-contexte» ; deuxièmement, il n'y a pratiquement aucune différence entre les deux méthodes de sélection des candidats. Pour ce dernier point, la raison est simple : c'est qu'il est très fréquent que le candidat ayant obtenu le meilleur score soit également le plus proche. Mais une explication de la première observation requiert qu'on se penche un peu plus sur les données.

La première cause de cette baisse de performance, en particulier celle de la précision, s'explique par le fait que la recherche d'antécédents dans *Soon multiclassifieurs* ne soit pas limitée en distance. Le fait de rechercher un antécédent loin de l'expression-cible, lorsque aucun candidat proche de celle-ci n'est sélectionné, ouvre la porte à beaucoup de bruit, et donc a un impact direct sur la précision. En contrepartie, *Arcen*, où les fenêtres de recherche sont définies relativement à la distribution des noms propres dans le texte, retourne un nombre beaucoup plus petit de paires classées positives (581 contre 1367 pour *Soon multiclassifieurs*), mais un plus grand nombre absolu des vrais positifs (500 contre 341).

Nous croyons également, non pas que les résultats pour *Soon multiclassifieurs* soient anormalement bas, mais plutôt que ceux de *Arcen* soient dans un certain sens «anormalement» élevés. En effet la quasi-totalité des instances bien classées par *Arcen* sont celles dont le premier élément de la paire est un nom propre : on peut donc supposer que les règles de détection, dont la précision est élevée, contribuent largement à améliorer les résultats là où les classifieurs seuls obtiendraient un score moyen.

Évaluation des chaînes construites

Dans cette dernière section portant sur l'évaluation, nous proposons d'utiliser une adaptation de l'indice de Rand comme mesure de performance de la tâche qui consiste à reconstituer les chaînes de coréférence d'un texte. Nous utilisons par la suite cette mesure pour évaluer nos propres résultats.

Les mesures traditionnelles de précision et de rappel ont leur origine dans le domaine de l'extraction d'information : on le utilise pour comparer l'ensemble des éléments qui doivent être détectés par un système automatisé de recherche avec l'ensemble des éléments qui sont effectivement détectés par ce système. Dans le cas d'une évaluation comme celle de la section 5.6.2, où l'ensemble des éléments à détecter (ou classifier) est clairement défini, ces mesures sont tout-à-fait appropriées ; cependant on rencontre certains problèmes lorsqu'on tente de les adapter à un algorithme comme le nôtre, où ce que l'on veut détecter est en fait une relation entre plusieurs éléments, et que cette relation est de nature transitive. Pour adapter précision et rappel à de telles données, on doit constituer des paires ; dès lors, on a trois choix : soit on considère comme des cas positifs toutes les paires possibles entre les éléments partageant cette relation, chaque élément pouvant faire partie de plusieurs paires (a) ; soit on constitue des paires avec tous les éléments, mais où chaque élément ne peut faire partie que de deux paires avec des éléments différents (b) ; ou encore, un seul élément constitue des paires avec tous les autres (c) :

(5.19) Pour les éléments $\{a_i, b_i, c_i, d_i, e_i, f, g\}$, où la relation de coréférence est dénotée par l'indice i :
   a. ab, ac, ad, ae, bc, bd, be, cd, ce, de
   b. ab, bc, cd, de
   c. ab, ac, ad, ae

Dans un système de résolution des coréférences qui construit les chaînes de coréférence à partir d'un ensemble de paires, on pourrait avoir construit une chaîne partielle, avec seulement certains éléments de la chaîne réelle, par exemple {a,c,e,g}. Pour chacune des manières de comparer les deux chaînes, on aurait l'ensemble suivant de paires, avec les valeurs correspondantes pour P et R :

(5.20) Pour les éléments de la chaîne partielle $\{a_i, b, c_i, d, e_i, f, g_i\}$:
   a. ac, ae, ag, ce, cg, eg (P=0,5 ; R=0,3)
   b. ac, ce, eg (P=0 ; R=0)
   c. ac, ae, ag (P=0,66 ; R=0,5)

Intuitivement, chacune de ces trois mesures ne semble pas très représentative des résultats : en (a), une précision de 0,5 correspond mal au fait que trois éléments sur les quatre de la chaîne partielle font partie de la chaîne originale, ni un rappel de 0,3 alors que trois éléments des cinq de la chaîne originale sont détectés ; en (b), des valeurs nulles pour P et R sont clairement erronées ; et pour (c), les valeurs données semblent encore une fois trop faibles.

L'indice de Rand

L'indice de Rand (Rand (1971)) est utilisé pour mesurer la similarité entre deux partitions d'un même ensemble. Pour les deux partitions P et Q d'un ensemble E, on calcule les différences d'appartenance, pour chaque ensemble dans les deux partitions, des paires d'éléments de E : pour toutes les paires dans E, on détermine les valeurs suivantes :

- a = le nombre de paires qui font partie du même ensemble dans P et Q ;
- b = le nombre de paires qui font partie d'un ensemble différent dans P et Q ;

- c = le nombre de paires qui sont dans le même ensemble en P et dans un ensemble différent en Q ;
- d = le nombre de paires qui sont dans un ensemble différent en P et dans le même ensemble en Q.

On calcule l'indice de Rand R comme suit :

$$R = \frac{a+b}{a+b+c+d} \qquad (5.21)$$

Dans le cas des chaînes de coréférence, il s'agit de considérer que chaque texte constitue un ensemble d'expressions, et que les chaînes sont autant de sous-ensembles qui définissent une partition du texte. Dès lors, il est possible d'appliquer le calcul de l'indice de Rand pour comparer deux textes où l'un est celui qui contient les «vraies» chaînes de coréférence et l'autre celles qui sont générées à partir d'un ensemble de paires d'expressions.

Ceci dit, les textes partitionnés de la sorte partagent tous une caractéristique gênante, qui découle du fait que les chaînes de coréférence ne contiennent pas une très grande proportion de toutes les expressions référentielles d'un texte. L'indice de Rand requiert en effet que l'on considère que les expressions ne faisant partie d'aucune chaîne fassent partie d'un même sous-ensemble ; comparer deux textes où une très large quantité d'éléments font partie du même sous-ensemble des expressions «libres» aboutit à des mesures de Rand très élevées - deux textes peuvent contenir des chaînes complètement différentes et tout de même avoir un indice supérieur à 80%.

La solution que nous proposons consiste à éliminer du compte les expressions qui ne font partie d'aucune chaîne ni avant, ni après le traitement : les paires qui les contiennent ne seront pas prises en compte dans le calcul. On se retrouve donc à comparer deux partitions d'un ensemble constitué de la somme des expressions faisant partie de chaînes dans les deux textes.

Résultats

Nous avons appliqué cette mesure, que nous nommons *indice de Rand ajusté*, aux chaînes construites par les cinq algorithmes de notre évaluation. Les résultats sont rapportés dans le tableau 5.6.

algorithme	sélection	Rand	Rand ajusté
Arcen	proximité	80.9%	55.2%
	P max	80.9%	55.3%
Soon multiclassif	proximité	61.3%	41.7%
	P max	61.3%	41.8%
Soon	---	63.3%	46.7%

Tableau 5.6 – Performance globale - constitution des chaînes

Les observations que l'on peut faire ici sont sensiblement les mêmes que dans la section précédente : les performances relatives de chaque algorithme demeurent les mêmes, la version originale de l'algorithme de Soon et al. (2001) montrant des meilleures performances que sa version à plusieurs classifieurs, et ce malgré que les résultats de cette dernière soient supérieurs dans une évaluation isolée de la tâche de classification.

5.6.4 Discussion

La première raison qui explique les performances supérieures de *Arcen* relativement à notre implémentation de différentes versions de l'algorithme de Soon et al. (2001) est dans le traitement qu'il fait des noms propres. En effet la variation des formes de ceux-ci, pour une même entité nommée, est plutôt faible ; le fait que *Arcen* donne une priorité élevée à la détection des chaînes de noms propres, par l'utilisation conjointe de règles à haute précision et de méthodes de classification automatique, a pour effet que pratiquement tous les noms propres sont correctement détectés et coréférés. Ces «cas faciles» ne font pas, dans les autres algorithmes évalués, l'objet d'une traitement d'exception, ce qui explique en partie la différence de performances.

En ce qui concerne la détection des noms communs, les performances sont très faibles. On note d'abord que la variation n'est pas, elle non plus, très forte entre les noms communs dénotant une même entité nommée d'un texte :

1. Mr (Mikhail) Gorbatchev (7) : le dirigeant soviétique (4) (monde1103)
2. Mr (Sylvio) Berlusconi (7) : Le magnat italien (2), l'homme d'affaires

italien (2) (monde1135)
3. La Parti Socialiste / PS (6) : le parti (5) (monde5127)
4. American Ballet Theater / ABT (5) : la troupe (3), la compagnie (1) (monde6068)

L'idée derrière le fait que notre algorithme de résolution accorde une grande priorité à la détection des appositions et attributives est de permettre de détecter des noms communs équivalents aux noms propres du texte lorsque les deux sont syntaxiquement reliés (par une apposition ou un verbe d'état), pour ensuite retracer ailleurs dans le texte les autres occurrences des noms communs similaires. Le problème est cependant le suivant : les noms communs apposés peuvent être utilisés en reprise, mais assez rarement ; ils semblent avoir généralement pour fonction d'apporter une information nouvelle, justifiée par le contexte, sur l'entité nommée. Les noms communs en reprise sont, quant à eux, des désignations dont l'équivalence au nom propre semble faire partie de la connaissance générale présumée du lecteur (comme pour *Mikhail Gorbatchev ... le dirigeant soviétique*, plus haut), ou encore sont des noms désignant la catégorie d'existant dont fait partie l'entité, comme dans l'exemple suivant :

– Elf-Aquitaine, quatorzième producteur mondial (...) Elf (...) le groupe (...) le groupe (...) (monde2285)

L'accès à des informations de nature sémantique, qui permettrait de connaître la classe sémantique (personne, société, etc.) d'un nom commun, devrait donc en théorie améliorer les résultats pour les cas comme celui-ci.

On doit noter cependant qu'une caractéristique de notre algorithme explique peut-être en partie la faible performance de la détection des noms communs : il s'agit du fait que ce soit, dans notre façon de procéder, les derniers éléments de la chaîne qui servent de point de départ à la recherche des reprises. Dans ce contexte, les désignations qui sont loin derrière dans la chaîne sont complètement ignorées lors de cette recherche. Dans certains cas, cela peut être pénalisant, par exemple pour la chaîne suivante :

(5.22) Sylvio Berlusconi (...) le magnat italien (...) Mr Berlusconi (...)

Lors de la recherche de candidats dans le texte qui suit «Mr Berlusconi», on n'aura pas accès à «le magnat italien», donc si cette expression est utilisée plus d'une fois le classifieur NCOM-NCOM ne pourra pas détecter la coréférence sur la base de la similarité entre ces deux noms communs.

Une autre part du problème de la détection des noms communs coréférents est que leur usage peut correspondre à une métaphore ; dans ces cas, on ne peut s'appuyer en apparence ni sur des questions de similarité de surface, ni sur l'appartenance à des classes sémantiques.

Une seconde remarque que l'on peut faire à la lumière des résultats obtenus est que les règles de détection, tout dépendant de la façon dont on les utilise, peuvent permettre d'obtenir à elles seules d'assez bons résultats. Dans la mesure où les résultats positifs de *Arcen* sont concentrés dans la détection des noms propres et des appositions, il semblerait que la contribution des classifieurs aux résultats finaux soit assez faible. Pour vérifier ce fait nous avons relancé l'algorithme mais cette fois-ci, en limitant son action à l'application de ces règles. Les résultats (table 5.7) sont assez évocateurs : on constate, pour six fois moins de paires détectées, une légère baisse du rappel, ce qui n'est pas étonnant puisque le fait de se baser uniquement sur les règles de détection fait en sorte que certaines coréférences (*i.e* celles qui sont normalement détectées par les classifieurs) sont ignorées. À cela correspond une légère augmentation de la précision, car inhiber l'action des classifieurs a aussi pour effet de les empêcher de retourner des réponses erronées.

Enfin, malgré la méthode de constitution incrémentale des chaînes de coréférence, dont une des motivations est de diminuer l'espace de recherche de reprises de noms propres et ainsi mitiger le problème de la rareté relative des cas positifs, il faut mentionner que ce dernier n'est pas complètement éliminé. Dans la tâche de classification, cette rareté constitue un problème important car, comme nous l'avons mentionné précédemment, elle augmente, d'une part, la probabilité que les attributs a priori discriminants pour les cas positifs se retrouvent en grand nombre dans les cas négatifs, les faisant ainsi perdre leur valeur discriminante, et d'autre part elle provoque une biais important vers une classification négative - le système sera beaucoup plus susceptible de classer une instance comme «négative» puisque les cas négatifs sont, de manière absolue, beaucoup plus probables.

5.7 Conclusion

Dans ce chapitre nous avons proposé un algorithme de résolution de la coréférence qui se distingue par trois aspects des systèmes de résolution util-

nPaires	P	R	F	Rand	Rand ajusté
509	91.4%	46.5%	61.6%	80.0%	52.5%

Tableau 5.7 – Performance globale - constitution des chaînes

isés dans d'autres travaux du domaine. Premièrement, il est fondé sur les noms propres : en effet, prenant pour acquis que tous les noms propres d'un texte sont étiquetés comme tels, la résolution des coréférences entre eux peut a priori être considérée comme plus «facile», en ce sens que, comme nous l'avons constaté au chapitre 4, la similarité de deux noms propres est un indicateur plutôt fort de coréférence. Aussi, cette stratégie de commencer par résoudre les noms propres permet de constituer autant de balises dans le texte, qu'on traitera comme les limites de l'espace de recherche des noms communs et pronoms coréférents, et qui permettent de construire des chaînes de coréférence «bien formées», *i.e* qui respectent la propriété de transitivité.

Une autre spécificité de notre système de résolution est qu'il fait appel à la fois à des règles de détection et à des méthodes d'apprentissage automatique, deux approches rarement utilisées de manière conjointe dans les algorithmes de résolution existants. Nous avons cependant constaté que, si l'utilisation de classifieurs a un effet positif sur les résultats, celui-ci demeure minime : la grande majorité des scores obtenus s'explique par l'application des règles, et non par l'action des classifieurs. De plus on constate que ces scores sont concentrés dans la résolution des noms propres : peu de reprises pronominales sont détectées globalement, et ce nombre est encore plus faible pour les noms communs en reprise.

La troisième particularité de notre algorithme, qui est celle qui a, toutes proportions gardées, l'impact le plus important sur les résultats, est le traitement différencié des paires d'expressions selon la catégorie (nom propre, noms commun ou pronom) des expressions faisant partie de la paire. Ceci découle directement des observations faites au chapitre 4, où l'on a pu constater que les indicateurs de coréférence montrent une fiabilité différente selon les expressions en jeu.

Généralement, nous obtenons pour la construction des chaînes de coréférence des résultats plus élevés que ceux obtenus par notre implémentation de l'algorithme de Soon et al. (2001), malgré le fait que les résultats de ce dernier pour la détection de la coréférence paire par paire soient légèrement plus élevés que les nôtres. Ceci illustre bien le fait que la détection de la coréférence entre paires d'expressions et la construction de chaînes de coréférence à partir de ces paires consistent en deux tâches bien distinctes.

Enfin, nous croyons qu'une manière d'augmenter sensiblement les résultats obtenus serait d'intégrer à notre algorithme, soit par règles ou par l'ajout des attributs appropriés dans les instances soumise aux classifieurs, un mécanisme d'appariement basé sur la classe sémantique des expressions comparées.

Chapitre 6
Conclusion générale

Le travail présenté dans ce mémoire décrit le fonctionnement d'un algorithme qui vise à constituer des chaînes de coréférence à partir des noms propres d'un texte. Les applications d'un tel algorithme sont nombreuses ; mais de manière générale on peut en décrire l'utilité comme permettant la reconstruction d'une partie du sens d'un texte, précisément la partie qui concerne les entités nommées dont on y fait mention. La finalité de notre travail est de décrire et d'évaluer cet algorithme avec suffisament de précision pour que celui-ci soit implémenté, complètement ou partiellement, dans un système plus général de traitement automatique des langues.

Le corpus que nous utilisons, autant à des fins d'analyse que d'évaluation, se compose de 80 textes d'actualités provenant du journal *le Monde*. Ces textes ont fait l'objet d'un traitement automatique résultant en une annotation des informations morphosyntaxiques et des fonctions grammaticales sur les lexèmes qu'ils contiennent. À ceci s'ajoute une annotation manuelle des expressions nominales spécifiant certaines informations de classification sémantique, mais surtout, les liens de coréférence qui existent entre elles.

Les textes, ainsi enrichis d'une quantité considérable de données linguistiques, ont fait l'objet d'une description statistique visant à détecter des corrélations entre certaines caractéristiques linguistiques des expressions nominales et le fait qu'elles soient impliquées dans une relation de coréférence. On doit noter que ces caractéristiques excluent les informations résultant des niveaux les plus élevés de l'analyse linguistique, notamment ceux qui sont du domaine de la pragmatique - les notions de pertinence, saillance ou *focus*, par exemple, ne sont pas pris en considération. Il en va de même pour bon nombre d'informations de nature sémantique, comme la synonymie ou l'antonymie et les restrictions de sélection.

Nous parvenons néanmoins malgré ces limitations à décrire un ensemble d'indices de coréférence dont la nature est assez variée, allant de facteurs purement typographiques comme la distance linéaire entre deux expressions, jusqu'à des informations de nature grammaticale comme le rôle de sujet d'une expression. Dans la perspective d'une quantification précise de la valeur de chacun de ces indices dans notre corpus, nous avons constaté que leur effet peut varier selon le type des expressions nominales en jeu. Par exemple, la proximité dans le texte entre deux expressions peut indiquer qu'elles sont coréférentes lorsque la première expression est un nom propre et la seconde un pronom; mais lorsque c'est la première qui est un pronom et la seconde un nom propre, la proximité n'est plus un indice valable. Nous estimons que ce fait doit être pris en compte dans le développement d'un système de résolution de la coréférence.

L'algorithme de résolution que nous avons élaboré à partir de ces observations se distingue des méthodes habituellement employées pour une tâche similaire par le fait qu'il fait converger les approches symbolique et statistique. Le principe qui sous-tend son fonctionnement consiste à utiliser un ensemble d'heuristiques simples et à forte précision afin de détecter les noms propres d'une chaîne de coréférence, puis en se basant sur ces chaînes partiellement construites, détecter de manière incrémentale par classification automatique les reprises nominales et pronominales des noms propres qui la composent.

L'évaluation des résultats porte sur trois aspects de l'algorithme. Premièrement, les classifieurs sont évalués indépendamment de l'algorithme principal, selon les métriques classiques de précision et de rappel; ceci permet pricipalement de mesurer l'efficacité, pour chaque type de paire d'expressions, de l'ensemble des variables de classification choisies. Les deux évaluations subséquentes portent sur l'algorithme lui-même, mais dans un premier temps en observant le résultat de la classification de chaque paire d'expression constituée lors de la recherche de reprises, et ensuite en se penchant sur les chaînes dans leur ensemble. Dans ce dernier cas, nous proposons d'adapter une mesure servant à comparer des partitions différentes d'un même ensemble, généralement utilisée en TAL dans le cadre de tâches d'agrégation : l'indice de Rand. Dans notre travail, nous l'utilisons pour comparer les chaînes annotées manuellement avec celles qui sont construites par l'algorithme de résolution; à notre connaissance, cette mesure n'a jamais été utilisée dans ce contexte.

Les résultats obtenus, qui peuvent sembler satisfaisants d'un point de vue global, s'avèrent en fait plutôt décevants après une observation plus détaillée. En effet, il en ressort que ce sont les paires de noms propres qui constituent la majorité des cas positifs ; les autres types de paires sont généralement classés comme des cas négatifs, ou encore ne sont carrément pas traités. Étant donné le caractère incrémental de la construction des chaînes de coréférence dans notre système, toutes les paires NPR-NCOM et NPR-PRON qui ne sont pas détectées empêchent que d'autres paires NCOM-NCOM, NCOM-PRON et PRON-PRON soient même prises en considération. Dans la mesure où l'évaluation isolée des classifieurs (section 5.6.2) laisse croire que ces derniers types de paires obtiennent d'assez bon résultats, ce silence s'avère assez coûteux, d'autant plus qu'un des types de paires qui inhibe le traitement des autres (NPR-NCOM) forme plus du tiers de toutes les paires détectables (*cf.* tableau 5.4).

Une piste de solution à ce problème précis pourrait être d'adopter une approche similaire au travail présenté dans Markert & Nissim (2005). Les auteurs décrivent une méthode permettant de détecter les relations d'hyponymie entre expressions nominales, fondée sur une recherche de motifs (*patterns*) dans des grands corpus et sur le Web ; l'existence de cette relation entre deux expressions est ensuite utilisée pour les déclarer coréférentes. De façon analogue, il serait possible d'utiliser les fréquences relatives de certaines collocations pour déterminer quel nom commun est la reprise probable d'un nom propre donné. À titre d'exemple, une recherche sur *Google* pour l'expression "Philippe Noiret devient" affiche entre autres les résultats suivants :

(6.1)   ... élément constituant du couple
          ... "acteur populaire" (2)
          ... l'un des acteurs fétiches de Bertrand Tavernier
          ... un monstre sacré du cinéma (2)

Ceci serait plus particulièrement utile dans le cas spécifique des noms communs en reprise de noms propres de personnes. En effet, les noms propres d'organisation ou de lieux sont peut-être moins exclusivement tributaires d'une certaine connaissance encyclopédique que ne le sont les noms de personne. Comme nous l'avons vu au chapitre 4, les premiers sont plus susceptibles de contenir un nom commun désignant la classe d'entité dont ils font partie, par exemple *L'Association nationale des pilotes instructeurs* ou *la Forêt Noire*, classe qui peut généralement être utilisée comme reprise nominale.

Bibliographie

Aone, C., & Bennett, S. W. (1995). Evaluating Automated and Manual Acquisition of Anaphora Resolution Strategies. *Proceedings of the 33rd Annual Meeting of the Association for Computational Linguistics.*

Ariel, M. (1988). Referring and accessibility. *Journal of Linguistics, 24,* 65–87.

Azzam, S., Humphreys, K., & Gaizauskas, R. (1998). Extending a simple coreference algorithm with a focusing mechanism. In DAARC (Ed.) *Proceedings of the second colloquium on discourse anaphora and anaphor resolution (DAARC2)*, (pp. 15–27). Granada, Spain.

Baldwin, B. (1997). CogNIAC : High Precision Coreference with Limited Knowledge and Linguistic Resources. In ACL (Ed.) *Proceedings of the 35th conference on Association for Computational Linguistics.* Madrid, Spain.

Barrett, M. (1985). *Children's Single-word Speech.* Wiley.

Benedict, H. (1979). Early lexical development : comprehension and production. *Journal of Child Language, 6,* 183–200.

Blanche-Benveniste, C., & Chervel, A. (1966). Recherches sur le syntagme substantif. *Cahiers de Lexicologie, 9(2),* 3–37.

Carbonell, J. G., & Brown, R. D. (1988). Anaphora Resolution : A Multi-Strategy Approach. In COLING (Ed.) *Proceedings of the 12th Annual Conference on Computational Linguistics (COLING '88).* Budapest, Hungary.

Cardie, C., & Wagstaff, K. (1999). Noun Phrase Coreference as Clustering. *Joint SIGDAT conference on empirical methods in natural language processing and very large corpora (EMNLP-VLC99).*

Chinchor, N. (2001). *Proceedings of the 7th Message Understanding Conference.* http ://www.itl.nist.gov/iaui/894.02/related_projects/muc/.

Chomsky, N. (1981). *Lectures on Government and Binding.* New York : Mouton de Gruyter.

Clark, E. V. (1995). *The Lexicon in Acquisition.* Cambridge University Press.

Clark, H. (1975). Bridging. *Theoretical issues in natural language processing, R. C. Schank & B. L. Nash-Webber (Eds.).*

Cohen, J. (1960). A coefficient of agreement for nominal scales. *Educational and Psychological Measurement, 20*, 37–46.

Cohen, W. (1996). Learning trees and rules with set-valued features. In *Fourteenth Conference of the American Association of Artificial Intelligence (AAAI).*

Danlos, L. (2003). Coréférence événementielle entre deux phrases. *Lingvisticae investigationes supplementa 24 : Syntaxe, Lexique et lexique-grammaire, Laporte, E. and Leclere, C. and Piot, M. and Silberztein, M. (éds.).*

Dimitrov, M., Bontcheva, K., Cunningham, H., & Maynard, D. (2002). A light-weight approach to coreference resolution for named entities in text. In DAARC (Ed.) *4th Discourse Anaphora and Anaphor Resolution Colloquium (DAARC '02).* Lisbon, Portugal.

Garnham, A. (1987). *Mental Models as Representations of Discourse and Text.* Ellis Horwood Series in Cognitive Science. Chichester : Ellis Horwood.

Ge, N., Hale, J., & Charniak, E. (1998). A Statistical Approach to Anaphora Resolution. *Proceedings of the Sixth Workshop on Very Large Corpora.*

Grass, T. (2000). Typologie et traductabilité des noms propres de l'allemand vers le français. *Traitement Automatique des Langues, 41(3).*

Grishman, R., & Sundheim, B. (1995). *Proceedings of the Sixth Message Understanding Conference (MUC-6).* Morgan Kaufmann.

Grosz, B. J., & Sidner, C. L. (1986). Attention, Intention and the Structure of Discourse. *Computational Linguistics, 12(3)*, 175–204.

Harabagiu, S. M., & Maiorano, S. J. (2000). Multilingual Coreference Resolution. *Proceedings of ANLP-NAACL00*.

Heinecke, J., Smits, G., Chardenon, C., Guimier de Neef, E., Maillebuau, E., & Boualem, M. (2008). TiLT : plate-forme pour le traitement automatique des langues naturelles. *Traitement Automatique des Langues, 49 :2*.

Hirschman, L., & Chinchor, N. (1997). Muc-7 coreference task definition. *Proceedings of MUC-7, Science Applications International Corporation*.

Hobbs, J. R. (1978). Resolving Pronoun References. *Lingua, 44*, 311–338.

Huang, Y. (2000). *Anaphora : A Cross-linguistic Study*. Oxford Studies in Typology and Linguistic Theory. Oxford : Oxford University Press.

Iida, R., Inui, K., Takamura, I., & Matsumoto, Y. (2003). Incorporating contextual cues in trainable models for coreference resolution. *Proceedings of EACL03*.

Kawahara, D., Sasano, R., & Kurohashi, S. (2004). Toward Text Understanding : Integrating Relevance-tagged Corpus and Automatically Constructed Case Frames. *Proceedings of the 4th International Conference on Language Resources and Evaluation*.

Kehler, A. (1993). A discourse copying algorithm for ellipsis and anaphora resolution. In EACL (Ed.) *Proceedings of the 6th Conference of the European Chapter of the Association for Computational Linguistics*. Utrecht.

Keller, F. (2000). *Gradience in Grammar : Experimental and Computational Aspects of Degrees of Grammaticality.*. Ph.D. thesis, University of Edinburgh.

Kennedy, C., & Boguraev, B. (1996). Anaphora for everyone : Pronominal anaphora resolution without a parser. *Proceedings of the 16th International Conference on Computational Linguistics*.

Kibble, R., & van Deemter, K. (2000). On coreferring. coreference in muc and related annotation schemes. *Computational Linguistics, 26 :4*, 629–637.

Lappin, S., & Leass, H. J. (1994). An Algorithm for Pronominal Anaphora Resolution. *Computational Linguistics*, *20, 4*, 537–561.

Manning, C. D., & Schutze, H. (1999). *Foundations of Statistical Natural Language Processing*.

Markert, K., & Nissim, M. (2005). Comparing Knowledge Sources for Nominal Anaphora Resolution. *Computational Linguistics*, *31*.

McCallum, A., & Wellner, B. (2003). Conditional models of identity uncertainty with application to noun coreference. *Proceedings of the IJCAI Workshop on Information Integration and the Web*.

McCarthy, J. (1996). *A Trainable Approach to Coreference Resolution for Information Extraction*. Ph.D. thesis, University of Massachussetts.

Mitkov, R. (1994). An Integrated Approach for Anaphora Resolution. *Proceedings of COLING '94*.

Mitkov, R. (1998). Robust pronoun resolution with limited knowldege. In COLING (Ed.) *Proceedings of th 18th International Conference on Computational Linguistics (COLING'98/ACL'98)*. Norwood, USA : Ablex.

Mitkov, R., Evans, R., & Orasan, C. (2002). A new, fully automatic version of mitkov's knowledge-poor pronoun resolution method. In CICLing (Ed.) *Proceedings of the Third International Conference on Intelligent Text Processing and Computational Linguistics (CICLing-2002)*. Norwood, USA : Ablex.

Ng, V. (2004). Learning noun phrase anaphoricity to improve coreference resolution : Issues in representation and optimization. *Proceedings of the 42nd Annual Meeting of the Association for Computational Linguistics (ACL-04)*.

Ng, V., & Cardie, C. (2002). Improving Machine Learning Approaches to Coreference Resolution. *Proceedings of the 40th Annual Meeting of the Association for Computational Linguistics (ACL)*.

Palomar, M., Moreno, L., Ferrández, A., Peral, J., & Martinez-Barco, P. (2001). An Algorithm for Anaphora Resolution in Spanish Texts. *Computational Linguistics*, *27,4*, 545–567.

Passonneau, R. J. (2004). Computing reliability for coreference annotation. *Proceedings of the International Conference on Language Resources and Evaluation (LREC04)*.

Poesio, M. (2004). The mate/gnome scheme for anaphoric annotation, revisited. *Proc. of SIGDIAL*.

Poesio, M., Bruneseaux, F., & Romary, L. (1999). The mate meta-scheme for coreference in dialogues in multiple languages. *Proceedings of the ACL Workshop on Standards for Discourse Tagging*.

Poesio, M., & Vieira, R. (1998). A corpus-based investigation of definite description use. *Computational Linguistics*, *24*(2), 183–216.

Popescu-Belis, A. (2000). Évaluation numérique de la résolution de la référence : critique et propositions. *Traitement Automatique des Langues*, *40,2*, 117–146.

Poplack, S., Sankoff, D., & Miller, C. (1988). The social correlates and linguistic processes of lexical borrowing and assimilation. *Linguistics*, *6(1)*, 47–104.

Quinlan, J. R. (1993). *C4.5 : Programs for Machine Learning*. San Francisco, CA : Morgan Kaufmann.

Rand, W. M. (1971). Objective criteria for the evaluation of clustering methods. *Journal of the American Statistical Association*, *66*, 846–850.

Schnedecker, C. (1997). *Nom propre et chaîne de référence..* Klincksieck, Paris.

Seki, K., Fujii, A., & Ishikawa, T. (2002). A Probabilistic Method for Analyzing Japanese Anaphora Integrating Zero Pronoun Detection and Resolution. *Proceedings of COLING '02*.

Sidner, C. (1981). Focusing for interpretation of pronouns. *American journal of computational linguistics*, *7*, 217–231.

Soon, W. M., Ng, T., Hwee, & Lim, D. C. Y. (2001). A Machine Learning Approach to Coreference Resolution of Noun Phrases. *Computational Linguistics*, *27 :4*.

Strube, M., Rapp, S., & Muller, C. (2002). The Influence of Minimum Edit Distance on Reference Resolution. *Proceedings of the Conference on Empirical Methods in Natural Language Processing (EMNLP)*.

Uryupina, O. (2003). High-precision identification of discourse new and unique noun phrases. *Proceedings of the ACL Student Workshop*.

Uryupina, O. (2004). Evaluating name-matching for coreference resolution. *Proceedings of LREC'04*.

van Hout, R., & Muysken, P. (1996). Modeling lexical borrowability. *Language variation and change, 6*, 39–62.

Vieira, R., & Poesio, M. (2000). An empirically-based system for processing definite descriptions. *Computational Linguistics, 26*(4), 539–593.

Vilain, M., Burger, J., Aberdeen, J., Connolly, D., & Hirschman, L. (1995). A model-theoretic coreference scoring scheme. *Proceedings of the Sixth Message Understanding Conference (MUC-6)*.

Witte, R., & Bergler, S. (2003). Fuzzy Coreference Resolution for Summarization. In ARQAS (Ed.) *Proceedings of 2003 International Symposium on Reference Resolution and Its Applications to Question Answering and Summarization*. Venice, Italy.

Witten, I. H., & Eibe, F. (2005). *Data Mining : Practical machine learning tools and techniques*.

Yang, X., Su, J., Zhou, G., & Tan, C. L. (2004). Improving Pronoun Resolution by Incorporating Coreferential Information of Candidates. *Proceedings of the 42nd Annual Meeting of the Association for Computational Linguistics*.

Annexe A

Extrait d'un fichier annoté

L'extrait XML dans les pages suivantes est un exemple de l'annotation des textes de notre corpus. La phrase «La nouvelle a fait l'effet d'une bombe dans les milieux généralement feutrés de la danse » est extraite du fichier *monde4546*.

```xml
<?xml version="1.0" encoding="UTF-8" ?>
<TLT>
  <PARA COD="UTF-8" FOR="Fr" ISO="fr" LAN="francais">
    <PHR TXT="La nouvelle a fait l' effet d' une bombe dans les milieux généralement feutrés de la danse .">
      <EXPRESSION IDREF="14" NPR="0" STX="DDEF" TYP="AUTR">
        <TER CAT="GN-D" FLE="La" FONC="DET" ID="0" LEM="le" PI="1" REGLE="DET-1"
          TRA="( GENRE/FEMININ NOMBRE/SINGULIER COUTTERM/2 CATEP/GN-D )"/>
        <TER CAT="GN-NC" FLE="nouvelle" FONC="SUJ-V" ID="1" LEM="nouvelle" PI="3"
          REGLE="GV-A1"        TRA="( SY_SEM_DEF/ SY_OTY_DETER/ NOM_SEM/NOM_HUMAIN
          COUTTERM/5 CATEP/GN-NC GENRE/FEMININ NOMBRE/SINGULIER DET_PART/OUI )"/>
      </EXPRESSION>
      <TER CAT="GV-AT" FLE="a" FONC="AUX-V" ID="2" LEM="avoir" PI="3"
        REGLE="AUXAV-1"         TRA="( TRANSITIF/NON PERSONNE/3PRS TEMPS/PRESENT MODE/IND
        CATEP/GV-AT NOMBRE/SINGULIER )"/>
      <TER CAT="GV-PPAT" FLE="fait" ID="3" LEM="faire"
        TRA="( SY_OTY_OBJ_GENRE/MASCULIN PREPGOUV/A/AUCUNE/DE TRANSITIF/OUI
        PERSONNE/ 3PRS SY_OTY_OBJ_NOMBRE/SINGULIER SY_OTY_OBJD/+
        GENREOBJET/MASCULIN TEMPS/PASSE COUTTERM/1 MODE/IND CATEP/GV-PPAT
        CATEPF/GV-PT/PHRASE GENRE/?/MASCULIN NOMBRE/SINGULIER ATTROBJ/OUI
        TEMPSAUX/PRESENT SY_OTY_SUJ/+ NOMBREOBJET/SINGULIER )"/>
      <EXPRESSION IDREF="95" NPR="0" STX="DDEF" TYP="AUTR">
        <TER CAT="GN-D" FLE="l'" FONC="DET" ID="4" LEM="le" PI="5" REGLE="DET-1"
          TRA="( GENRE/MASCULIN NOMBRE/SINGULIER COUTTERM/2 CATEP/GN-D )"/>
        <TER CAT="GN-NC" FLE="effet" FONC="COD-V" ID="5" LEM="effet" PI="3"
          REGLE="OBJD-3" TRA="( PREPGOUV/AUCUNE/DE SY_SEM_DEF/ SY_OTY_DETER/
          SY_TYP_GP_SOUSCAT/+ COUTTERM/5 CATEP/GN-NC GENRE/MASCULIN
          NOMBRE/SINGULIER )"/>
      </EXPRESSION>
      <TER CAT="GP-S" FLE="d'" FONC="PREP" ID="6" LEM="de" PI="8" REGLE="PREP-1"
        TRA="( PREATTR/ COUTTERM/1 INTRO_CAS/DE/AGENT CATEP/GP-S PREP_FORME/DE)"/>
      <EXPRESSION IDREF="15" NPR="0" STX="DIND" TYP="AUTR">
        <TER CAT="GN-DI" FLE="une" FONC="DET" ID="7" LEM="un" PI="8"
          REGLE="DET-223" TRA="( GENRE/FEMININ NOMBRE/SINGULIER CONT_NEG/NON
          CATEP/GN-DI COUTTERM/2 )"/>
        <TER CAT="GN-NC" FLE="bombe" FONC="MOD-N" ID="8" LEM="bombe" PI="5"
          REGLE="AGPN-1" TRA="( SY_OTY_DETER/ INTRO_CAS/DE SY_TYP_CIRC/+
          SY_SEM_INDEF/ PREP_FORME/DE CATEP/GN-NC CATEPF/GP-NC GENRE/FEMININ
          NOMBRE/SINGULIER SY_TYP_DET_INDEF/ COUTTERM/5 )"/>
      </EXPRESSION>
      <TER CAT="GP-S" FLE="dans" FONC="PREP" ID="9" LEM="dans" PI="11"
        REGLE="PREP-1" TRA="( COUTTERM/1 INTRO_CAS/INDEF CATEP/GP-S
        PREP_FORME/DANS )"/>
      <EXPRESSION IDREF="16" NPR="0" STX="DDEF" TYP="AUTR">
        <TER CAT="GN-D" FLE="les" FONC="DET" ID="10" LEM="le" PI="11"
          REGLE="DET-1" TRA="( GENRE/MASCULIN NOMBRE/PLURIEL COUTTERM/2
          CATEP/GN-D )"/>
        <TER CAT="GN-NC" FLE="milieux" FONC="CIRC" ID="11" LEM="milieu" PI="8"
          REGLE="CIRC-GENERIQUE-NC" TRA="( PREPGOUV/AUCUNE/DE SY_SEM_DEF/
          SY_OTY_DETER/ INTRO_CAS/INDEF NOM_SEM/NOM_TEMPS SY_TYP_GP_SOUSCAT/+
          COUTTERM/5 PREP_FORME/DANS CATEP/GN-NC CATEPF/GP-NC GENRE/MASCULIN
          NOMBRE/PLURIEL SY_TYP_QUAL/ )"/>
```

```
            <TER CAT="RF" FLE="généralement" FONC="MOD-A" ID="12" LEM="généralement"
                PI="13" REGLE="MODADJ-1" TRA="( ADV_SEM/ADV_FREQ COUTTERM/2 CATEP/RF
                MOD/ADV/ADJ/VERB )"/>
            <TER CAT="GN-AN" FLE="feutrés" FONC="MOD-N" ID="13" LEM="feutré" PI="11"
                REGLE="EPITD-1-1" TRA="( GENRE/MASCULIN NOMBRE/PLURIEL COUTTERM/3 CATEP/
                GN-AN )"/>
        </EXPRESSION>
        <TER CAT="GP-S" FLE="de" FONC="PREP" ID="14" LEM="de" PI="16" REGLE="PREP-1"
            TRA="(PREATTR/ COUTTERM/1 INTRO_CAS/DE/AGENT CATEP/GP-S PREP_FORME/DE)"/>
        <EXPRESSION IDREF="17" NPR="0" STX="DDEF" TYP="AUTR">
            <TER CAT="GN-D" FLE="la" FONC="DET" ID="15" LEM="le" PI="16" REGLE="DET-1"
                TRA="( GENRE/FEMININ NOMBRE/SINGULIER COUTTERM/2 CATEP/GN-D )"/>
            <TER CAT="GN-NC" FLE="danse" FONC="MOD-N" ID="16" LEM="danse" PI="11"
                REGLE="AGPN-1" TRA="( SY_SEM_DEF/ SY_QTY_DETER/ INTRO_CAS/DE COUTTERM/5
                PREP_FORME/DE CATEP/GN-NC CATEPF/GP-NC GENRE/FEMININ
                NOMBRE/SINGULIER )"/>
        </EXPRESSION>
        <TER CAT="SEPF" FLE="." FONC="SEPPH" ID="17" LEM="." PI="3" REGLE="SEPF-1"
            TRA="( PONCTUATION/ CATEP/SEPF )"/>
    </PHR>
</PARA><FIN RESULTAT="OK"/>
</TLT>
```

Annexe B

Attribut TYP

Nous offrons ici quelques exemples, tirés de notre corpus, des expressions correspondant aux diverses valeurs possibles de l'attribut TYP (i.e. notre classification sémantique) faisant partie des chaînes de coréférence annotées. Comme elles sont absentes des chaînes, les catégories AUTR, TEMP et EXPL sont ici absentes.

PERS

Malgré ses vingts points d'avance sur Senna *au classement du Championnat du monde,* Alain Prost *n'est toutefois pas assuré de la conquête d'un troisième titre après les problèmes de moteur qu'*il *a connu tout au long du week end.* (monde8441)

Mikhail Baryshnikov *a brutalement claqué la porte de l'American Ballet Theater dont* il assurait *la direction artistique. Rendue publique vendredi 29, sa démission prend effet immédiatement. La décision de* l'ancienne vedette *du Ballet Kirov,* qui *avait prévu de quitter ses fonctions l'été prochain, fait suite au refus du conseil d'administration de revenir sur la décision du* nouveau directeur exécutif, Mme Jane Hermann, *de mettre en congé pendant un an* Charles France, l'assistant *de Baryshnikov.* (monde6068)

ORG

Mr Didier Pfeiffer, directeur général de l'UAP *et président de* la Commission de déontologie boursière, *a présenté, mardi 16 janvier, le rapport de* cette instance *créée en août 1989 à la demande de Mr Pierre Bérégovoy, ministre de l'économie et des finances.* (monde590)

Un tiers des membres du <u>Congrès</u> avaient ainsi été élus, l'année dernière, non pas par le corps électoral dans son ensemble, mais par les membres (ou, plus souvent, les directions) du <u>Parti communiste</u>, de <u>l'Académie des sciences</u>, des syndicats, de <u>l'Union des écrivains</u>, ou encore... de <u>l'Association des philatélistes</u>. (monde2975)

LIEU

Le sous-secrétaire américain aux affaires latino américaines, Mr Lawrence Eagleburger, a précisé qu'il souhaitait voir augmenter la part de marché des cafés arabica, dits autres doux, provenant d'<u>Amérique centrale</u>, une condition que <u>le Brésil</u> et <u>la Colombie</u> ont jusqu'ici toujours refusée. (monde7806)

Dans la ville d'<u>Agdam</u>, en <u>Azerbaïdjan</u>, deux personnes ont été tuées et deux autres blessées par une explosion à la gare. (monde1731)

PROD

Le soir Mr Calvet se disait follement angoissé par la compétition mondiale, tandis qu'il présentait en région parisienne des nouveaux modèles de <u>XM Diesel</u>. (monde7838)

À la fin des années 60, Barbara Stanwyck était devenue une vedette de télévision, et les jeunes générations de spectateurs ne l'ont connue que par le petit écran, car les films qui l'ont rendue célèbre repassent rarement. Dans l'inusable série <u>la Grande Vallée</u>, elle gardait encore la beauté de sa maturité. Et la vieille dame à cheveux blancs du <u>feuilleton Les oiseaux se cachent pour mourir</u> a été extrêmement populaire. (monde60)

EV

Un Japonais et un Anglais ont remporté ex æquo, vendredi 8 septembre, <u>le Concours international des jeunes chefs d'orchestre de Besançon</u>. <u>Une institution</u> bien vivante, mais qui souffre de l'indifférence des décideurs parisiens. (monde8592)

Comme c'était prévisible, le Français Yannick Noah s'est facilement qualifié, mercredi 30 août, pour le troisième tour de <u>l'Open des États Unis</u> aux dépens de l'Américain Todd Witsken. (monde9639)

PHEN
(une seule occurrence dans tout le corpus)
Fouad Ali Saleh, d'entrée, monopolise l'espace sonore : Ferme-la, toi ! Les juifs et les chrétiens n'ont pas le droit de parler quand un musulman s'exprime. <u>L'Islam</u> fera ta mort, Dieu t'écrasera. (monde1808)

MoreBooks! publishing

Oui, je veux morebooks!

i want morebooks!

Buy your books fast and straightforward online - at one of world's fastest growing online book stores! Environmentally sound due to Print-on-Demand technologies.

Buy your books online at
www.get-morebooks.com

Achetez vos livres en ligne, vite et bien, sur l'une des librairies en ligne les plus performantes au monde!
En protégeant nos ressources et notre environnement grâce à l'impression à la demande.

La librairie en ligne pour acheter plus vite
www.morebooks.fr

VDM Verlagsservicegesellschaft mbH
Heinrich-Böcking-Str. 6-8
D - 66121 Saarbrücken

Telefon: +49 681 3720 174
Telefax: +49 681 3720 1749

info@vdm-vsg.de
www.vdm-vsg.de

Printed by Books on Demand GmbH, Norderstedt / Germany